美文精品集萃丛书·时光不老系列

时光是走进教室的脚步声

《中学生博览》杂志社 选编

时代文艺出版社

图书在版编目（CIP）数据

时光是走进教室的脚步声 /《中学生博览》杂志社
选编. -- 长春 : 时代文艺出版社, 2021.6
（青春美文精品集萃丛书.时光不老系列）
ISBN 978-7-5387-6669-1

Ⅰ.①时… Ⅱ.①中… Ⅲ.①作文－中小学－选集
Ⅳ.①H194.5

中国版本图书馆CIP数据核字(2021)第072809号

时光是走进教室的脚步声
SHIGUANG SHI ZOUJIN JIAOSHI DE JIAOBUSHENG

《中学生博览》杂志社　选编

出 品 人：陈　琛
责任编辑：王金弋
装帧设计：任　奕
排版制作：隋淑凤

出版发行　时代文艺出版社
地　　址：长春市福祉大路5788号　龙腾国际大厦A座15层 （130118）
电　　话：0431-81629751（总编办）　0431-81629755（发行部）
网　　址：weibo.com/tlapress（官方微博）　sdwycbsgf.tmall.com（天猫旗舰店）
开　　本：880mm×1230mm　1/32
字　　数：135千字
印　　张：7
印　　刷：三河市嵩川印刷有限公司
版　　次：2021年6月第1版
印　　次：2021年6月第1次印刷
定　　价：36.00元

图书如有印装错误　请寄回印厂调换

编　委　会

Contents
目　录

飞过时间的海

似是晚来风

光 阴 入 味

云上的回想

云上的回想

果　舒

1

暴雨过后的世界还是湿漉漉的，湿漉漉的天空，湿漉漉的地面，湿漉漉的街边野花，还有挂着几滴雨珠的湿漉漉的刘海儿。我踏上公交车，空气中夹杂的雨后丁香花的气息被厚重的暖气味替代了。

车上乘客不多，稀稀落落地坐在位子上，余下一大片落寞的空间。我在一个靠窗的位子坐下，包里的手机震动了几下铃声开始响起，甜美的少女歌声在静得仿佛没有生命气息的车厢里显得特别突兀。

"喂？"我接通电话。

电话那头，母亲一开口就噼里啪啦地讲了一大堆不打紧的话，例如有没有努力学习，有没有经常熬夜，钱有没有够花等等，讲了五分钟还没停。

我蹙起了眉头，厚重的暖气熏得我脑袋一阵眩晕。心里想，母亲打电话过来该不会只是问候这些超级无聊的小事吧？

无事不登三宝殿。我和家人的通话一向不多，一个月也就打那么三两通，秉着"没有消息就是好消息"的想法。有一回我闲来无事想着自己好像很久都没有好好关心一下家人了，就打了一通电话回去一个挨一个地问候，结果吓得全家人都以为我出了什么事。最近学生顶不住学业压力自杀的新闻报道频多，家人一致都想到那儿去了，外婆在电话那头哭着叫我："不想读就别读了！只要健康地活着回来就好！"我百般解释无果，最后朝着电话大喝一声"这是老师布置的课外作业"才将此事完结。挂掉电话后嗓子都哑了，参加辩论赛都没这么累过。

果然，母亲支支吾吾了一会儿突然说："你外婆快不行了，你请个假回来看看她吧。你也别怪她，她一直拦着大家不让告诉你，就是怕影响你学习。"

不知道手机什么时候显示的通话结束，闪了几下就全屏暗了下来，像坠进了无尽的黑夜。坐在公交车上，窗外霓虹街景渐次倒退，我像坐进了时光逆流的盒子。

2

小时候父母外出工作无暇照料我，就把我扔去乡下的外婆家。外婆高高瘦瘦的，像极了村子路口那根经过风吹雨打、雷劈电闪依然屹立不倒的电线杆。她嘴巴里镶了一颗大金牙，每次咧开嘴笑的时候，那颗大金牙就会在光线的照耀下发出亮闪闪的金光，比夏天的大太阳还要刺眼。第一秒看见外婆时，外婆就露出了那颗大金牙，我从没见过这种玩意儿，对外婆产生的第一个印象就是：真好玩！

刚到陌生环境，又要和父母分离，那时候孩子们流行唱"有妈的孩子是个宝，没妈的孩子像根草"，一想到我今后就是一根小草了，小孩子爱哭的天性瞬间爆发，泪水如山洪般滚滚涌出。

"乖哦乖，不哭不哭，是不是饿了？外婆给你煮好吃的去。"外婆抱着我，轻拍我的后背，然后把我放到硬邦邦的木板床上，一个人钻进厨房，铁器碰撞的声响从厨房里传来，一阵阵菜香也陆续飘了出来。

我止住了哭声，咬着嘴唇从床上爬下来，脸上还挂着泪珠。

外婆把饭菜端出来，我小跑过去。看见美食，一下子就忘记为何伤心了，小孩子总是容易受外界环境吸引。趁着外婆去拿碗筷的空当儿，我把脏爪子伸向一盘颜色最好看、看着最好吃的菜，像一只偷腥的猫，我为自己的小聪明沾沾自喜。我把美食放进口中开心地嚼起来，下一秒，因为美食而止住的泪水又因美食而决堤了。

"好辣啊！"我一边哭一边吐着舌头吹着热气。后来我才知道，与其他老人家偏爱清淡口味不同，外婆格外重口味，大麻大辣都是她的最爱，什么蒜椒鱼、辣香菜都是她餐桌上的常客。为了迁就我一个小孩儿的口味，外婆尽量把菜弄得比平时淡了许多，但即使如此，对一点儿辣都没吃过的我来说，她的"清淡"还是很辣。

外婆拿着碗筷跑出来，一把抱起我，一看我手上的油就大致知晓了缘由，"被辣着啦？走走走咱喝水去。"外婆的眉毛拧得跟两条虫子似的。从她的眼睛里，我看到吐着舌头的自己跟中午时外婆门口那只耷拉着舌头吐热气的大黄狗一模一样。

至此之后，每到吃饭时外婆都会把我的菜先用开水泡一下，可这样一弄，饭菜就没什么味道了。在家我是很挑食的，和外婆在一起，我没有挑食的权利，因为等我挑完，就没有东西可吃了。饿肚子是比吃不喜欢的食物更让人难受的事。

在忍受了一星期的"淡食"后，我果断对外婆说："外婆，我想吃辣的菜。"陪我吃了一星期"淡食"的外婆听完高兴地对我的小脸蛋亲了又亲，还破例带我去村口小卖部买了零食。

那时候的天空是一尘不染的蓝，白云是洗衣粉的白。我整天跟在外婆屁股后，外婆去田里，我就坐在田边的那棵芭蕉树下；外婆去菜园里，我就拔狗尾巴草来玩；外婆有急事要出门，我就赖在她身上，保证自己不哭不闹，所以带我去没关系。

外婆偶尔会给我买零食，每天的饭菜都变着花样做给我吃，夜晚的时候外婆会给我讲那些古怪好笑的故事，会给我唱古老的摇篮曲。

小孩子的思维都是单向的，因为外婆爱我，所以我也很爱外婆。

3

在乡下的一群小伙伴里，我最喜欢带着表弟玩。表弟比我小两岁，胖嘟嘟的脸蛋总是鼓着，表弟每次来外婆家，外婆都会拿好吃好玩地给他。我喜欢跟表弟玩，因为外婆喜欢表弟。我想，我跟外婆住在一起，我是外婆最亲近的人，外婆最喜欢的应该是我。但每次看见外婆抱着表弟而不抱我的时候我就会不开心，生闷气。

表弟叫外婆"奶奶"，而我却只能叫她"外婆"，称呼上的不同，让我觉得外婆对我永远不会太亲密，一个"外"字，就好像一扇门把我隔绝在外了。

有一回，外婆带我去舅舅家，到了饭点儿，外婆到客厅招呼我和表弟去吃饭，但她只抱起了表弟。我上齿咬着下唇不开心地跟在她身旁，等她把表弟放在椅子上后，我从侧面绕到前面抱住她，号啕大哭起来，抽抽搭搭地说："我不要叫你外婆，我也要叫你奶奶！"

在场的人和外婆都不明所以，我继续哭道："我不要当外人，我也要叫你奶奶。"

在场的大人都笑了起来，外婆蹲下来帮我抹去眼泪，笑着说："好好好，你也叫奶奶，都叫奶奶。"

与旁人的笑不一样，外婆笑出了泪花，晶莹剔透的泪花。

我被父母带回城后，隔三岔五放个假就往外婆家跑，外婆做的饭菜永远是最美味的，外婆唱的歌谣带有神奇的魔法，平复我被生活熏染得日益浮躁的心，带我进入梦的伊甸园。

我劝过外婆到城里和我们住，可在村里待了大半辈子的外婆哪舍得离开故土。她不过来，就只能我过去。学习越来越忙，放假的时间越来越少，见外婆的次数从每月三次，慢慢变成了三月一次，再变成半年一次。

我忘了，在我一点点长大的同时，外婆也在一点点衰老。我总以为，我们还有好长好长一段时光可以一起度过，我们还有好多好多事情可以一起去完成。

去年十一月，闺蜜阿冰的爷爷去世了。阿冰的爷爷对于阿冰，就像外婆对于我一样的存在。无缘无故的离别最伤人，阿冰的爷爷毫无征兆的离去让阿冰的精神状态一下子跌到了最低点。阿冰说："明明几个月前我还幻想着过年的时候要怎么样去让他开心，要给他买怎么样的新年礼物，可在生命的最后，我却没能陪在他身边。每一次想到这儿就会很难过，如果有如果的话，我希望爱的人不要离开太早。"

如果有如果，我愿意倾尽所有时间陪伴我外婆。但我们都知道，生活哪有什么如果，如果有如果，我们还会这么烦恼吗？

4

坐在驶回家乡的客车上，看着窗外灰蒙蒙的天空，低头目光落在手机挂饰里和外婆的迷你相片上。照片上的我从背后抱住外婆，头靠在外婆肩膀上；外婆咧着嘴笑，那颗大金牙反射出的光芒比太阳还要温暖耀眼……

最甜的红枣稀饭，从来不放糖

聊聊熊

我的牙龈已经红肿到一发不可收拾的地步。终于抵不过疼痛，跑去口腔科看大夫。冰冷的仪器在我口腔里捣鼓，发出的机械声显得冷漠又绝情。

消炎完毕后大夫丢给我一瓶口洁素，交代几句便急忙喊着："下一位。"

而我也只知道是长了智齿引起的牙龈发炎，甚至来不及问他具体情况。

去医院消炎上药折腾了四五趟，疼痛依旧没有丝毫减轻。我终于气馁，妥协地给妈妈打了一通电话："喂，妈，我最近生病了。"

"怎么回事？什么病？你怎么一天都不让人省心。你看你那什么身体素质！"

她的一大通埋怨让我的负能量不由增添，牙疼让我懒于解释，我甚至连再见都没开口就直接挂了电话，我早已过了青春期叛逆的年纪，可偏偏每每遇上妈妈这般毫无温情的话语都会莫名烦躁。

我总觉得，妈妈打心眼里是讨厌我的。

因为我的父母在我很小很小的时候就离异了，从未见过爸爸的我，从小只跟着妈妈生活。她对我管得严厉，甚至从不宠爱我。小时候跟小朋友一起玩时，他们的小口袋里都装着五花十色的糖纸包裹的糖果。而妈妈却从不肯给我买一颗。也只有过年时，拮据的她才会狠下心买上零零碎碎的牛轧糖给我，还要吩咐说：一天只准吃一颗。

大抵正是这般，我对甜食的渴望日益疯涨。我们北方有晚餐喝稀饭吃馒头的习惯，那会儿我喝稀饭便会执意舀进去满满一大勺白糖。稀饭里甜滋滋的香味让一顿再简单粗糙的晚餐都显得香气四溢，仿如一餐桌全是美食。

可妈妈并不允准我这样，她的理由是：哪有喝稀饭放糖的毛病，稀饭就要原汁原味才好喝。我当然不认同她的说法，我同她争辩说："别人家多得是喝稀饭放糖的，你不愿意放还不让我放了？"可那时我没有对家事掌控的丝毫能力。为了不让我那么做，妈妈甚至生气地把一罐白糖全部扔到外面。那次我哭得特别惨烈，我甚至对她喊道："你一点儿都不爱我，就像你恨我爸爸一样，所以你也恨我！你对我一点儿都不好。"

我被她打了一个耳光。

或许她也被自己激动的行为吓了一跳，第二天她便买了红枣煮进稀饭里。跟我说："红枣煮的稀饭很甜，来尝尝看。"我装模作样挖了一勺放到嘴里，也不搭腔。心里想这哪有什么甜味，分明是为了糊弄小孩。甚至还埋怨着，她就是对我不好，总有一天，我长大后不同你生活，想怎么吃糖就怎么吃糖。

那时的我，凭着这样任性的执念，便真的成绩一路向上，直到高考成功考上心仪的大学。我终于离开了她的唠叨与一堆不允许。也终于可以自己分配生活费，把那些我小时候一直觊觎的甜品一样一样吃了个遍。我想，这就是所谓的得到了自由。

可我从来没想过，自己那通电话打完后，妈妈竟然跑来我生活的城市了。她焦急问我说："到底哪里生病了？"我看着她眼神里满满的担忧，心里突然有些酸涩。老实回答她说："牙龈肿了好一阵了，才去的医院，还没问清什么结果。"她似乎松了一口气，便又回复了以往惯有的数落，"你看看你，都多大的人了，还这么不着调，自己生活还邋里邋遢，身体出毛病都不知道怎么回事。"说罢也顾不上停手，收拾起在她眼里显得十分凌乱的房间。

第二天她便跟我一起去了医院，见到医生她竟比我着急地开口说："大夫她的牙是怎么回事？是蛀牙还是什么？怎么肿了那么些日子？她小时候就有四环素牙，是生病吃药腐蚀的。她牙齿特别不好，这会儿严重吗？"

医生开口道："不是蛀牙，但是还是不能吃甜吃辣，这种脆弱牙床必须要忌口。她长了智齿，这几天要消除炎症，消炎以后拍片看看智齿根部是否需要矫正，如果错位，是要拔掉的。"

一路上我都安静极了，大抵是为了掩饰我内心的震惊。长这般大，竟然对自己的身体，丝毫不了解。原来，她这么做的道理，都是为了我。

其实，小时候她不是没有告诉我吃糖会对牙不好的道理。可那时我哪里听得到她的劝说，直到今天牙齿真的出了问题，才知道她原本的担忧，统统都是为了我好。

晚饭时，她熬了一大锅的红枣稀饭跟我讲："你没什么事儿明天我就回去了，你可要听医生的话忌口，如果想吃甜的，就热稀饭喝，那红枣是我专门带过来的，可甜了。你要是实在馋，就自己洗两颗吃。自己在外面，一定要好好照顾自己别胡折腾。"

她从没说她这一路匆忙赶来是对我的担忧，可这一刻，我的心却被填得充实，充实到嘴巴不知该说什么，泪水在眼中凝结成珠，硬不敢落出。

我终于明白她有多么爱我，也终于懂得她煮给我的红枣稀饭里放了多少心思，那心思是她从自己身体里炼制出的，满满糖罐子。她把自己所有的"甜"，都熬制在我从小吃到的一碗碗稀饭里，那甜腻，根本不需要再放任何添加物。

月亮说它忘记了

兔子先森

大二的时候，我去了一家很多人梦寐以求的公司面试。

面试官看着我的简历问："你绘画得过奖啊？"

我点头，想到了几年前在画板上有着背水一战的执念的那个自己不由笑了下，"是，不过是挺久之前的事了。"

没有抱什么希望会被录取，原本就像是辅导员说的一样，有一个正规公司的面试经验也是好的，毕竟现场有太多比我优秀的人。

可是我被留了下来，面对我的愕然，面试官的理由是："你的色彩搭配给人一种美的敏锐，这是你的优势。"

我傻愣愣地点头，等到反应过来的时候已经拿着实习证站在了公司的大门口，阳光很晃眼，周围的人撑着伞躲在有阴凉的地方行走。那光线隔着厚重的玻璃门给人以不可忽视的光亮和难以磨灭的炙热。

就像是人，有些人天生就是太阳，而我，费劲全力也只能成为依靠着太阳才能发光的月亮。可是我追逐太阳的那些年所学到的东西，终究还是成了我无可取代的力量。

1

学校出设计比赛成绩的时候我没有去看，躲在教室的角落趴在桌子上戴着耳机听歌，苏周从后面扑上来压在我后背上。

她垂头笑着看我，眉眼弯弯像月牙儿，"安安，你得了一等奖哦，请客请客请客。"

我看着她脸上的微笑，像是夏日里最清凉的风带着薄荷的香味，心里的苦涩却在一瞬间放大。

然后我听见教室门口有人喊我："顾安，老师叫你去办公室。"

透过玻璃反射我看见苏周在我背后冲我比加油的手势，我没有回头，低着头一路走出教室。

到了办公室门口看见老师，她坐在位子上，侧对着门，在认真地看着什么，手上拿着的是我和苏周的比赛画稿。

我没有打扰，站在门口将她脸上的表情看了很久才慢慢敲门。她这才看过来，点了下头，招呼我进去。

"我考虑了一下，这次市比赛还是你和苏周一起去吧，我和学校领导商量商量。我看了，其实你们的水平差不多，只是她没怎么上心。她在这方面天赋高，色彩布局还有设计很有自己的想法，你要好好向她学习。"

这是早就预料到的事，我没有多说什么，只是看着她手上拿着的苏周的设计稿缓缓点了下头，"嗯"了一声。

苏周，你看，你和我平起平坐的设计稿，在别人眼里是你没有用心设计的。

我把这件事告诉苏周，她没有一点儿惊讶的反应，只是开心地拍手，"这样我们又可以一起并肩作战了。"

我只是笑，一言不发。

不难受的，我知道不该难受的，可是怎么还是这么想哭呢。

他们眼里的我和你勉强站在一个起跑线上，只有我知道，那是时间带来的契合。我用比你多十倍的时间换来了这一次和你平起平坐的机会。

2

合上电脑，把书本关上，我舒展开一直半皱着的眉头。

一抬头就看见苏周正在听歌看视频，手机屏幕那头放着的是一个正在弹吉他的歌手。

她看见我合上了书，把耳机一把摘下来，开始收拾自己的东西，问我："午饭吃什么？"

我不动声色地坐在位置上，好半天才听见自己发出的声音："你不需要看看其他参赛者的作品吗？配色卡你不要看吗？"我的声音冷得不像话，脱口而出的一瞬间连我自己都吓到了。

她不在意地抬起头，"不看啊，有什么好看的，每个人的理解都不同啊。"

我没有理她，不动声色地转过视线，将目光注视在其他地方。我怕嫉妒太明显，会刺痛她，也怕自己会被她干净的眼眸伤到。左边胸口又隐隐作痛，那种无力感又一次顺着心脏四处弥散开来。

苏周，你但凡有一点点努力的样子，我也不会颓败成这样。赢了就像是输了，输了却就是输了。

我半垂下头看着自己的指尖在徐徐发着颤。

你有没有体会过那种"无能为力"的哀伤？就像是她之于我，我从有记忆开始一路追逐，一天一天，一年一年，就像是夸父逐日。

可是徒劳无功，从一开始我和她之间的距离就隔着一整个银河系，于她轻而易举的事对我而言却需要九牛二虎之力。

就是这样的心情，想要努力却又无可奈何，现实一下一下击打着钝痛的心脏。这不仅仅是嫉妒和羡慕，而是一种无力的哀伤。

有些东西努力得到了和别人天生就拥有的那种感觉依旧还是不一样，每每想到便更加无力。

而苏周就是我的无能为力。

我曾经问过自己，一遍一遍地发问，她能做到的我凭什么做不到，大不了就比她多花百倍的时间努力。可是原来有些事即使努力也达不到相应的高度，这就是差距。

捂住眼睛理智还是会咆哮的差距。

我突然就不知道为什么自己要追逐她，明明不是有天赋的人，却在这一条死路上颠沛流离一路死磕。她是被学院免费录取的艺术生，我这么普通的人为了进这里让家里人花了一笔巨款。怎么能任性成这个样子呢？

班主任老刘不止一次苦口婆心劝诫我："其实你不用学这个的，我看了，你的文化分够了，不走这条路会更好。"

我该不该喜极而泣。在所有人因为文化分不够而撒丫子走在艺术道路上的时候，我的老师对我说，你不要走这条路。

"对你而言，艺术路反而更难。"

我怎么会不知道他们的意思呢？我花了太多的时间在画室里只为了追逐一个根本不可能追逐到的梦，我的文化课排名以几百几百的速度往下掉。

我从教室搬书回去的时候，老刘很开心。他一直觉得我是读书的料子，没必要在这条路上死磕。我和家里人说这件事时他们没有说话，但是我分明感觉到他们松了一口气。

我多么任性啊，本着一股不服输的劲儿让一堆人陪着我在沼泽里浮沉。

3

是什么时候开始执拗得不肯放手？

三年级的时候，班级比赛出个人手抄报，那是我开始真正接触绘画。美术老师看着我笔下的人物说，这孩子画得挺好。然后我看见她看着苏周的绘画册，眼里放着光。

我那时候不知道，但现在终于明白了挺好和天赋的区别。我那一颗拼命追逐的心最终还是埋葬在所谓的遗传基因里。

市里的比赛是我和苏周最后一次的合作，在她知道我回去踏实上课不走艺术路了以后，我第一次看见她开始努力，会偶尔看其他人之前的作品，会和我讨论思路。

她的一点儿努力最显著的结果就是，一等奖。我和她上台领奖，他们说这是黄金搭档。只有我知道，这是一人战队，所有的荣耀都是归属她一个人的。那些人笑眯眯地询问关于设计的灵感来源和大胆的色彩搭配，她对着镜头侃侃而谈，而这一切和我都没有关系。

她把奖状让我拿着，对着镜头，我连一个淡淡的微笑都挤不出来。

胸口被压得喘不过气，脸涨得通红，即便是站在一旁都觉得自己矮了一截。

出了少年宫，她说有事要先离开一会儿，让我站在原地等她。我站在一棵樟树下仰头往上看，树影斑驳，心底的声音一遍一遍响起，早知道会是这样的结果是不是一开始就放弃比较好？

脑子里紧紧绷着的弦在她拿着两个冰淇淋一脸笑意地和一个过来祝贺的学弟说"不过运气好"的时候，"砰"的一声彻底断掉。

"你不要任性了好不好，你加把劲儿把我甩开好不好，你这样让我一路跟着你，徘徊在你周围，我真的精神都要衰弱了你知不知道！"我朝她吼，用尽全身上下所有的力气。

你知不知道，你的一句运气好是别人梦寐以求的东西。有时候，天赋两个字真的让人绝望。她对色彩的掌控力是我永远也赶不上的，她的笔下有灵魂，有些人就是老天爷在赏饭吃，你能有什么办法。

我冲她大声吼，那些压抑在心底的无能为力的哀伤在此刻爆发。我从来不知道，原来，我已经嫉妒她到现在这个地步了。

她目瞪口呆地看着我，刚买给我的抹茶冰淇淋在手上慢慢融化，顺着指缝滴下，周围的人纷纷侧目，而我控制不住。我只是不甘心，这么多年的并肩作战和拼命追逐还是换来一个放弃，我真的不甘心。

她在一旁静静地站了很久，我们两个都没有说话。半晌，她将手里已经融化的冰淇淋静静地扔进垃圾桶，去洗手间洗了手才走到我面前，慢慢地开口，声音不大且平和，但我反而更加揪心起来。

"顾安，十岁的天赋到了二十岁就变成了一个笑话，你不会觉得我一直是靠天赋走到现在的吧？"

我看着她哑口无言。

她眼睛也慢慢变红了，兔子一样，"我不知道你是这么想的，我追赶你也是很累的啊。"

"你是不是以为有天赋就了不起啊，你错了，我除了这个天赋一无所有。你们所有人都说，有这样一个天赋真好。可是我知道，即便我不喜欢这个天赋我也要努力喜欢上，因为我一无所有。"

"我想成为的是你，可以有很好的成绩，以后有很多很多的选择，而我，却好像没有路了。我还喜欢吉他，可是我是音乐白痴，你只看到你自己喜欢的东西在我身上大放光彩，却没有看见我羡慕的眼光一直停落在你的指尖。"

"说到底，你什么都不知道。"

"你为了喜欢的东西那么努力，我看着你飞快前进，你知道我多怕被你甩在身后吗？"

我看着她纠结在一起的眉头和渐渐变红的眼眶，我想，我是真的什么都不知道。

我什么都不知道却还是住在我自己建筑的坚固城墙中自怨自艾。

任性的那个人从来不是她，是我。

4

整整两个月我们再没有说一句话。我才发现，我这么孤僻的性格连个朋友都没有。她离开我依旧是遍地的朋友，上课、下课、放学回家哪怕是去办公室、小卖店，身边都或多或少有一些人和她结伴而行。

我远远地望着从来不会形单影只的她，终于明白，原来，迁就我的也一直是她。

我们两家是邻居，这么久不去她家两个人也甚少接触，她妈妈似乎也发现了什么，于是特意叫我去她家吃晚饭。

我去她家，像以往一样闲来无事照旧翻着书柜，然后看见了书桌下厚厚的一叠草画纸。一张一张翻开，全部是关于设计的搭配色彩。而她放在箱子里前几天才买的颜料已经用得所剩无几了。

我一张一张看过去，看上面的色彩缤纷和搭配感受，每看一张就觉得心脏处受到迟钝一击。

所谓的真相原来是这样。她说的不需要去看别人的配色方案不过是因为她自己一个一个都搭配过了，她说每个人理解不同不过是她试着靠自己的脚步踏踏实实走出了自己的风格。我被嫉妒蒙住了眼睛，一味地把所有的一切都归于她的天赋。

千言万语都是我给自己的心理安慰。

努力于她而言从来都不是什么需要说出口的东西，因为它一直是像空气一样的理所当然的存在。

有脚步声传过来，我看过去的时候她正好走到书房门口看见我，一下顿住了脚步。我站起来抬头看着她，她犹豫地走过来，看我一眼又低下头，声音极小，"我们和好吧，好吗？对不起。"

我面无表情地看着她，酸涩感在心里慢慢放大。心里暗暗出来一个讽刺的声音，你看，顾安你多厉害啊，明明是你的错，偏偏还要她道歉，你多了不起啊。

她看见我没有动作，小心翼翼地走过来拉了拉我的衣角，冲我笑，小鹿一样的怯怯的眼神。

我终于崩溃，内疚像水流一般在心里汹涌澎湃。我缓缓蹲下身子，一遍又一遍地重复哽咽："对不起，对不起，对不起，对不起……"

她蹲下来扶着我的手臂一遍一遍回我："没关系，没

关系，没关系，没关系……"

什么都不需要再多说，我懂她也懂。我有多嫉妒她，我比谁都清楚，从一开始我和她就是不同的。

我和她和好了，仿佛什么都没有发生，那些不愉快的事好像只存在梦里。

只是偶尔我们各奔东西朝自己选择的那条路奔波。我走到楼上的单独成立的艺术室，站在窗外看。她依旧是最得宠的学生。

我开始放下所有执念直面高考，她在准备艺考后又去了法国进修。异国他乡，她给我发信息：这是一个艺术的国家，满街上都带着芬芳。

她出国前说了一句话：为了这天赋不成为笑话，我得付出千百倍的努力。

接到信息的时候，我这里刚好凌晨，正好写完了一套数学卷。抬头往窗外看，月亮很亮很圆，明天又会是一个好天气。

5

高三毕业，我暑假兼职教一些初中学妹绘画，虽然学艺不精，但是好歹有大量经验在身倒也不算多吃力。

明明是教她们，每天留在画室最晚的却是我。她们一脸困惑地问我："学姐，你这么喜欢画画怎么不去学艺啊？"

我笑了下，"不适合。"

不是所有的喜欢都会得以善终，有的时候看清自己比什么都重要。

一个小学妹沉默一下，"我以为喜欢就要一路坚持。"

我点头，"是啊，所以我现在还在这里。"沉默了一下，"只是，偶尔需要学会转弯。喜欢的事如果真的无能为力的话可以让它成为爱好，未必成为事业。"我只是开始明白遇到了墙壁不要再不撞南墙不回头，绕过墙壁往左右两边转才是最佳选择。

大学有一次绘画鉴赏课，讨论起天赋的重要性，不知道怎么变成了两边倒的争论。

"有些人天生就有这种能力，先天比后天要重要很多。"

"天赋是一时的，没有足够的信念支撑根本什么都做不到。"

我没有想到会有这么一天在课堂上为一个远在异国的她争吵得面红耳赤，而话题还是曾经最让我愤愤不平的天赋。

苏周给我打电话，电话那头的她声音里满是疲惫，"安安，我的天赋还是不够。"

我在这头无声地泪流满面。

2014年3月14日，俄罗斯天文学家发现了银河系中一颗最大恒星，代号为HR5171A。它比太阳大1300倍，比太阳亮百万倍，即便距离地球1.2万光年，人们还是能用肉眼观察到它。

不是每一道光亮都来自太阳。

她开始感受到我当初的压力，在越来越广阔的道路上行走，她看到的越来越多，也越来越知道天赋的尽头。那些说天赋决定一切的人没有注意过那些有天赋的人在夜里崩溃得歇斯底里，不知道那个深夜十二点给我打电话一言不发、孑然一人在异国他乡默默流泪的女生，在和我好不容易憋出一句"我好累啊"后又埋头沉浸在各种颜料色彩中。

我说，我和她，她是太阳，我是月亮，她的过于耀眼让我觉得迷失，她一出现我就不见了。但其实，她的光芒可以让我反射到其他人的身上。

不是所有的光亮都来自太阳，但是月亮是。我一路跟随着她的那些年，好的坏的，也在深夜痛哭过，不甘心过。她从来都是别人家的那个孩子，我远远地看着她一步一步走到我永远也走不到的位置，却是终于释怀。

我还是在坚持每天画画，去一个地方一定要看画展，但是也去学了笛子、弹了吉他，参加社团，在学生会兜转，开始有很多朋友。重心开始慢慢转移，回首过去只是挥挥手。

不管走的路多么不同，最终都是殊途同归，说到底每个人都配得上更好的自己。

所有的事都会过去，念念不忘的只有当年的月亮。

老爸的照相馆

张爱笛声

1

在九岁的温小布心里，他的老爸就是一个大神般的存在。

他的老爸名叫温文德，年轻时候在一条新街上开了一家照相馆，那是镇上的第一家照相馆。十年过去了，新街变老街，街上的照相馆也有了好几家，但是名气最响的依然是他家的"春风照相馆"。

照相馆是温小布家里的经济来源，让他们成为老街上十分体面的一家人。老街的人称呼温文德为"温老板"，见到温小布，都会打趣地叫一声"照相馆小少爷"。

照相馆的客人络绎不绝，多是来照全家福的一家人，但更多的，是一群年少可爱的小姑娘。她们穿着平日里都舍不得穿的漂亮裙子，蹬上一双发亮的黑皮鞋，在镜头前摆着各种各样的姿势，露出如花般的笑靥。待照片洗出来后，她们会挑选出自己最满意的一张，央求温文德把它贴在橱窗里。也不能怪她们太热情，温小布曾听老爸提起过，几年前，有一位十二三岁的女孩捏着五毛钱走进了照相馆，让老爸给她拍一张照片。那时候拍一张照片，至少需要四五块钱，老爸从女孩的眼神中看出她对于拍照的渴望，于是也发善心，帮她拍了一张。那张照片，老爸拍得十分满意，照片中的女孩，有一双会说话的大眼睛，笑起来，脸颊两边有深深的酒窝。见女孩美丽可爱，老爸把她的照片多洗了一张，放大后贴在橱窗里。一年后，市里文化宫选拔苗子，路过春风照相馆，看到了女孩的照片，设法联系上她，将她带离了老街，走进了城市，学音乐，学主持。几年后，女孩学有所成，成了市里家喻户晓的主持人。新闻在报纸刊登后，春风照相馆更加名声大噪，一时间，不知道多少女孩子来找老爸拍照。

这些事情，温文德每次提起，脸上都泛着光，十分得意。温小布年纪虽小，却也感觉"与有荣焉"，觉得老爸真是个大神，一家照相馆不仅撑起一个家，还"制造"出个大明星。

2

温小布上初中时，正是流行照大头贴的时候。老街上的几家照相馆，都瞄到商机，做起了大头贴的生意，赚得盆满钵满。唯有温小布老爸的照相馆，不为所动，一切如故。

班上的女同学都问温小布："温小布，你爸爸的照相馆为什么不弄个大头贴拍照机啊，如果有的话，我们就可以上你家去拍照了。"

"对啊，温小布，好歹同学一场，请我们拍个大头贴都不行？"

女同学们叽叽喳喳地围绕在温小布身边劝说，温小布在同学中一向是豪爽大方的形象，尤其是在女生面前，他顾及面子问题，拍拍胸脯很豪气地说："下个星期，我保管你们能在我家照相馆里看到一台大头贴照相机，而且你们第一次去拍照，我不收你们的钱，谁让咱们是同班同学呢。"

回到家后，温小布向老爸大力宣传大头贴照相机的好处。比如，吸引客源啦，时髦啦，能赚钱啦……可温文德依旧专心地摆弄着手中的傻瓜相机，没有把温小布的话放在心上。温小布急了，只得举起三根手指发了个誓，"老爸，只要你买部大头贴照相机，我保证期末考试考到班级前三，年级前三十。"

温文德没有念过什么书，全凭着摆弄照相机才过上今天的好生活，他深知，年代不同了，如今只有知识可以改变命运。他只有温小布一个儿子，自然是希望他能读好书，将来能混个人模人样的。可惜温小布不争气，成绩一直不温不火，维持在中下游水平。如今听得他这一番话，心里虽不全信，但也欣慰几分。不管怎样，只要他有心学习，就是好事。

大头贴照相机在两天后就安放在了照相馆的一个角落里。班上的女同学来了一拨又一拨，温小布看着她们每人脸上扬起的笑容，心里甜滋滋的。

温文德在身后召唤他："小布，过来，给你拍张照片。"

这一说，温小布才想起，今天是他的十四岁生日。每一年生日，老爸总会给他照一张相片，放在橱窗里。从百岁照，到一年一次的生日照，橱窗里一共放着温小布的十四张照片。温小布仔细看了看，发现自己竟然没有和家人拍过一张全家福。老妈走得早，爷爷奶奶不喜欢拍照，老爸呢，他给无数人拍了无数的照片，却从没正正经经地给自己拍过一张照。

温小布叫来一个女同学，把相机递到她手里，"来，给我和我爸拍张合照。"

温文德一听说要和儿子拍照，有些恍惚也有些高兴，嘴巴咧到脸边，双手简直不知道要搁哪里。温小布拉他坐下，两人端端正正地摆好姿势，伴随着"咔嚓"一声，定格的是父与子相视一笑的一瞬。

3

春风照相馆的衰落，仿佛就在一夜间。温小布怎么也想不明白，从初中到大学，也就那么几年，照相馆怎么就跟变了天地一样呢？

暑假回家，温小布发现老爸沧桑了许多。他坐在照相馆里的那张藤椅上，捧着那部老旧的傻瓜相机，没有言语，一直沉默。温小布轻轻走到他身边，劝他，"爸，现在满大街都是数码相机，人人手机自拍，已经没有人上我们照相馆拍照了，如果你还不与时俱进的话，就只能等着照相馆关闭了！"

温小布的这些话，温文德早已从别人的嘴里听到过几回。街上的照相馆又开了几家，有专门拍艺术照的，有专门拍婚纱照的，就连拍证件照的，人家也早早用上了数码相机。的确没有人来他这里拍照了，每到夜幕降临，他轻轻扣上那把残破的门锁，锁孔发出窸窸窣窣的声音，大风刮起落叶，一直漫到门边，他点燃一根烟，站在橱窗外，看了几眼那些熟悉的照片，落寞地走回家。

他不是没有想过改革。报个班，学个电脑，再让温小布教一下他用数码相机，也许折腾个几个月，他也就能上手了。可是不知道为什么，只要一想到，从此他手中的这部跟了他二十余年的相机就要被藏在旧物柜里，他就有难以言说的伤感。对于他而言，这部照相机，是老友，也是宝贝。

不久前刚过完春节，有一名久居海外的老人回到这个小镇，专程来到春风照相馆，感慨万千地说："这么多年了，故乡什么都变了，只有你这里没变。十几年前，我家中突遭变故，便打算去新加坡谋生。走之前来你这里拍了张照，这么多年了，我一直都留着它。"老人从怀里掏出那一张照片，照片已经老旧，却没有皱折，可想而知老人有多珍视它。老人临别的时候，拉着他的手说："如果能够坚持，一定要把这个照相馆做下去，只有这里，能让我们这些人感觉到过去的光影，过去的气息。希望我下次回来，还能见到它。"

想到这，温文德握紧了手中的相机，对着温小布摇摇头说："我再坚持个一两年吧，要是实在坚持不了，再说吧。"

温小布有点儿生气老爸的执拗，却也无可奈何。

4

温小布毕业那年，恰好失业。一般的工作很难将就，好的工作需要关系，也需要钱。温文德半辈子都在和相机打交道，没有人脉能帮温小布找份工作。照相馆好几年来一直亏损，家里的存款早已用来给温小布付了大学的学费，已经没有多余的钱。

温文德越来越喜欢坐在照相馆的那张老椅上，看看报纸或者打个盹儿。他明知道没人会来光顾照相馆，却还是风雨不误地每天都来开门。他老了，身边老人都喜欢一起下下棋，一起健健身。他不愿，每天在照相馆里，有时一天也不说话。偶尔孤独了，就和送报纸的小伙子搭两句话。

"小布毕业了吗？在哪里工作？"小伙子问。他答："在一家小公司里当职员，他其实不喜欢，可又找不到更好的，只能先做着。"小伙子嘿嘿地凑上来，说："温老板，我听说这一带快要拆迁了，政府要在这里盖一个公园，温老板你命好啊，拆迁费不仅够你养老，还能帮小布找一个'铁饭碗'的工作呢。"

拆迁的消息很快就被证实。温小布从外地赶回来，激动地和他说："爸，我听说拆迁费还不少呢，等拿到钱，我们就到大城市里买一套房子，如果还有余钱，就再给我买辆车，我那些同学都还没有车呢，想想就有面儿……"

见他不搭话，温小布生气了，"爸，你守着这么一个破照相馆干吗啊？你看看，我没有好工作，就赚不到钱，过不上好日子。没有房子车子，将来可能连个女朋友都找不到。这是为什么啊？你几年前不肯改变你那老套的照相方式，现在连拆迁也不肯，你到底有没有帮我考虑过啊？你想过我的以后吗？"

温小布摔门而出，温文德叹了口气，又点了支烟，思忖许久。是该离开了，已经没有退路了，照相馆走到现在，他早已尽力。对于儿子，他心中当然是有愧的，妻子离世时，曾嘱咐他一定要照顾好儿子。可是这么多年来，他承认，他对小布是疏于关心和照顾的。

他拿起扫帚，认认真真地打扫了一遍照相馆的每个角落。他的手指抚过那些或黑白或彩色的照片，眼睛一阵发热。用一把新锁，把照相馆的门紧紧锁上。他手里捧着的，只有他的老友——那部已经老得不能再运作的傻瓜相机。

温文德走得很突然。一天上街买菜，他在路边晕倒，就再也没有醒来。老街上的人说，温老板忙惯了，一下子闲了下来，灵魂都没了依靠，就死了。

还有人说，照相馆是温老板的命，如今照相馆要拆了，温老板自然心气郁结，早照相馆一步去了。

在温文德的衣袋里，温小布看到了一张照片，那是他们父子唯一的一张合照，捧着那张照片，温小布愧恨交织，流下了眼泪。

最终，春风照相馆还是没遭到拆迁。县政府打来电话说，春风照相馆有多年历史，且馆内陈设也很具有观赏价值，他们打算以一百五十万的价格收购这个照相馆，修葺整改，并把它作为一个小景点，向大众开放。

趁着修葺工作还没开始，温小布去了一趟照相馆，坐在老爸曾坐过的那把老椅上，泡一杯茶，在那里待了一下午。

他站在照相馆门口，让路过的行人给他拍了张照。照片里的他，笑容灿烂，一如从前。他身后的橱窗，贴着二十几张照片，每张都是他的笑脸。

他在心里说，老爸，今天是我二十三岁生日，可是再也没有你给我拍照了。我很想念你。

他还说，老爸，其实，你一直都是我心中的大神。

日光小镇三部曲

日光小镇三部曲

陈思延

日光小镇之凝望

1

我是小煜。

人们说世界上最温暖的地方，莫过于日光小镇。

日光小镇里，终年遍布日光，暖而不烫，温而不燥，哪怕是冬季，也温润如春。

奶奶说，日光小镇，是适合养老的地方，所以，奶奶住在这里。

2

奶奶年轻时是个美人。

镇上的人都说，奶奶命好，嫁给了爷爷。

我不知道爷爷是个什么样的人，但在奶奶模模糊糊的叙述里，爷爷，应该是个很温柔的人。

每次奶奶说起爷爷，眼里便会开出一朵朵明媚的花，我知道，那种花的名字叫幸福。

那个时候，奶奶满脸的皱纹里便会盛满阳光，我看着奶奶微微发光的笑脸，总觉得，有那么一天，我也会像奶奶那样找到一个如爷爷般温柔而深情的人。

我希望那一天快点儿到来，如同我希望我能快快长大一样。

3

奶奶走的时候，很突然。

我还记得那一天，像往常一样，奶奶坐在小院里，静静地望着门口发呆。

我亦随着奶奶坐在旁边。

然后奶奶拉着我的手，絮絮叨叨地说着故事，一直一直说着，直到我起身，去屋里给奶奶端茶，奶奶也不肯停歇的样子。

那是第一次奶奶将她跟爷爷的故事完完整整地告诉

我，也是第一次，奶奶说了那么久的话，仿佛要用尽所有力气般。

然后奶奶站了起来，眼睛里闪动着莫名的光彩，她拉着我的手越发用力。

她说，小煜小煜，你爷爷来接我了，你爷爷终于来接我走了。

我还记得，奶奶倒下的那一刻，脸上盛放着光华，笑靥如花，宛如少女。

我知道，奶奶走得很幸福，所以，我没有哭，哪怕是送奶奶入葬。

4

我问妈妈，奶奶说她见到了爷爷，那是真的吗？

妈妈轻轻抱着我说，是真的，爷爷一直在日光小镇等着奶奶。

我又问，那为什么爷爷不早点儿接奶奶离开呢？

妈妈想了想，说，因为你奶奶曾经答应过你爷爷，就算知道他死了也要好好活下去，他会一直等着她。

我看着透过窗纸射进来的稀薄日光，突然就想到了奶奶的眼睛。

越过时光，我似乎看见两个老人相依相伴的身影渐渐远去。

那么幸福，那么绵长。

我想，我的妈妈应该也会这样幸福吧。

日光小镇之魂归

1

我是小煜的妈妈。

老人说，日光小镇之所以常年日光温暖，是因为，小镇能唤醒潜藏在人们心中的爱。

我还记得，我遇见林澜的时候，就是在这里。

那个时候，妈妈刚带我来日光小镇。

那个时候，爸爸已经不在了。

妈妈说，爸爸会回来这里等她，所以她带我回了日光小镇。

然后，我遇见了林澜。

2

日光小镇，是充满爱的地方。

可是，日光小镇，只容得下老人和小孩，因为只有他们才喜欢待在这里。

突然就想到了爸爸在我三岁的时候教我念的三字经，我还记得爸爸一字一字清晰地说着：

人之初，性本善。

可是，又有多少人还记得人之初的善性呢？

3

林澜会变，我一点儿都不奇怪。

我只是感叹自己没有母亲那样好的运气。

爸爸死于战争，但爸爸直到死，都还爱着妈妈。

我还记得妈妈接到爸爸死讯的那一天，眼里呆滞的表情，她手里拿着一封用血写的信。

信纸是一方锦帕，边角绣着鸳鸯。

锦帕上只有八个字。

执子之手，与子偕老。

妈妈说，那是爸爸去参军的时候，她们两人用各自的血写下的盟誓。

只是，她没有等到他归来的那一天。

4

我不知道这世上是不是有鬼魂。

但，从我看到母亲手里紧紧攥着的锦帕时，我信了。

因为那方锦帕，应该是随着爸爸，消失在千里之外，时光之上的。

我不知道我会不会像小煜的奶奶那样幸福。

但不管如何，我很庆幸，因为妈妈，我又重新回到了日光小镇。

5

我没有想到林澜也会找来。

我以为，他有了另外一个女人，便不会记得，还有一个我。

林澜来的时候，日光小镇很温暖，海棠花开了满地。

小煜说，妈妈，爸爸来了，他是来接我们的么？

我顺着她的视线，便看到了站在门外的男人身影。

林澜望着我，眼睛里闪着各色的光，然后我听到他喊，漓茉，我回来了，这一次，我再也不会离开了。

我会像妈一样幸福吗？

也许，会吧。

日光小镇之守候

1

我是沐凉，日光小镇上的孩子。

小镇上的人都说，日光小镇是充满爱的地方，它会唤醒潜藏在人心底的爱。

我不知道这个传说是否属实，但，我却在这里遇到了一个教会我爱的人。

那个眼睛里会绽放花朵的小女孩，我听到她家里人喊她小煜。

2

那一天，日光小镇里如同往常那般阳光和暖。

海棠花开了满地，我路过镇子西北角的那个小院落时，便看到了躲在一丛丛海棠后面，笑容得意的小女孩。

她的笑脸，竟比海棠还要红艳。

那一瞬间，我如同被雷击中，我想，我喜欢上了这个叫作小煜的女孩。

3

小煜说，我的爸爸妈妈终于和好了。

我问她，你的爸爸妈妈不好吗？

她笑得神秘又莫测，她说，我要我的爸爸妈妈像爷爷奶奶那样幸福。

我歪着头，想了想，问她，那你呢，你想要像你爷爷奶奶那样幸福吗？

小煜听了我的话，愣了会儿，然后转过脸来，笑容明媚，她说，我想，而且我一定会。

4

小煜是个聪明而善良的孩子。

我喜欢小煜，就像喜欢日光小镇的日光一样。

我问小煜，你喜欢我吗？

小煜歪着头想了想，说，喜欢。

我开心得几乎要跳起来，我拉着她的手，沿着日光小镇的开满海棠花的街道疯跑。

我拉着她跑到了日光小镇的祭祀庙里。

我说，小煜，你愿意对着光祖婆婆发誓，说你会永远喜欢我吗？

小煜微微扬起嘴角，似乎有阳光落在她的眼睛里。

她笑得明媚而又狡黠，她说，如果人要变，那么，誓言又算得上什么？

我说，我不会变的，永远不会变。

5

不会变吗？

我不知道，真的不知道。

小煜总是对我念，人之初，性本善，执子之手与子偕老。

开始我不懂这是什么意思，但后来，我懂了。

我拉着小煜的手，我说，小煜，你相信我，我一定会给你像你爷爷奶奶那样的幸福。

我不知道小煜的爷爷奶奶到底有多幸福。

但是我知道，小煜就是那个我命中注定的人。

我对小煜说，小煜，我们以后，就一直待在日光小镇好不好。

小煜想了想，点点头。

6

日光小镇只收留老人和小孩。

外面的世界太残酷，太寒冷，只有懂得善意懂得爱的人，才可以进来。

我想，只要我和小煜一直待在这里不离开，也许，就会永远幸福下去。

会吗？

我想，一定会吧。

我觉得父亲没那么爱我

渺渺念

1

我七岁的时候，骑着小自行车在老家的大坝上转悠，自行车碾压过地上的垃圾，我从上面摔了下来。脑袋晕乎乎的，膝盖和手肘磨出了血，我躺在地上下意识地望向站在不远处看着我的父亲。

我本以为他会狂奔向我，把我从地上抱起来，然后用嘴吹着我疼痛的伤口，安慰我说："念念，你应该小心一点儿。"

但是，父亲慢条斯理地走到我面前，居高临下地望着我，我敛了敛眼中的泪水，捂着伤口自己站了起来，一瘸一拐地扶起倒在地上的自行车。

然后，父亲对我说："地上有垃圾你没看见吗？这次摔疼了就要记得这个教训。"

我伤心，我觉得父亲一点儿也不爱我，他不在乎我受伤了，甚至都不关心我到底疼不疼。

后来，我再在大坝上骑自行车的时候，大坝上都异常干净，没有一点儿垃圾。两个月后我才发现，我的父亲从我受伤以后，每天都会抽出十分钟的时间来将这里打扫干净。

那个时候，我在干净的大坝上骑车，我疑惑，我不知道父亲是不是那么爱我。

2

我十岁的时候，父亲得了重病，在医院住了两个月。可是那时候父亲不让其他人告诉我，他只让母亲去照顾他。

在他不在家的两个星期后，我才知道他住在医院，我跟着母亲来到医院。

我本以为他看见我的时候会很开心，可是我错了。

父亲板着脸躺在病床上，严厉地呵斥我："你来医院干什么？就会添乱。"

我委屈，我觉得父亲一点儿也不爱我，他不想在他生病的时候看见我，觉得我只会给他添乱。

从那天起，我再也没有去医院看过他，可是母亲每天都会按时回家给我做饭，有一天晚上十点母亲才回到家。

她说，父亲今天在做核磁共振，很晚才做完，她都忘记要回家做饭了，是父亲出了检查室门口时，嘴一直在动，她把耳朵凑近了去听，然后，父亲很虚弱地说："女儿在家呢，你回去把饭做了吧……"

两年后，我在家里发高烧，母亲慌了，连忙要把我送到医院，父亲阻止了她，他说："先去药店买些退烧的药，如果明天烧退了就不去医院。念念不喜欢闻医院消毒水的味道。"

那个时候，我模模糊糊地想到父亲生病的时候不让我去医院看他，我疑惑，我不知道父亲是不是那么爱我。

3

我十三岁的时候，第一次来了例假，肚子翻天覆地地疼痛。

我本以为父亲会安慰我说："忍一忍，一天就过去了。"

但是，父亲却对我说："女孩子都是要这样的，就你一个人娇气。"

然后，我只能低下头紧紧地咬着嘴唇，不敢看他眼中对我流露出的眼神。

我难过，我觉得父亲一点儿也不爱我，他只是觉得我娇气，不会哄着我。

后来，家里的零食柜里多出了好多巧克力和红豆，是父亲买的。在家里书房的书架上新放上了几本女孩生理期的书籍，是父亲买的。

那个时候，我喝着不知道是谁放在桌上的暖暖的红糖水，我疑惑，我不知道我的父亲是不是那么爱我。

4

我十六岁的时候，我告诉父亲，我的同学们都离开过这座城市，去过外面旅游，我说我也想去旅游，我想去外面欣赏一片壮观的花海。

我本以为父亲会和我同学的父亲一样对我说："你想去哪儿，我们来计划一下。"

即使是敷衍几句骗骗我，让我听着开心也好，但是父亲却对我说："真无聊，大把的钱放在旅游上，还不如给你多报几个补习班。"

我低落，我觉得父亲一点儿也不爱我，他只是关心我的学习，不在乎我的其他，甚至都不会关心我在心理上的变化。

后来，我发现家里有很多的旅游杂志，不管是国内的还是国外的报道，只要有赏花介绍的那一页，页脚都有折痕，里面都是父亲的笔记记录。

那个时候，我看着杂志里歪歪扭扭的字体，我疑惑，我不知道我的父亲是不是那么爱我。

5

十八岁时，我住在学校的宿舍。节假日该回家的时候，我告诉父亲晚上和同学一起，就不回家吃饭了。

我本以为两个月没见到我的父亲会关心地对我说："跟谁出去，小心点儿，记得拨电话或者早点儿回家。"

但是父亲却说："哦……玩得开心点儿。"

我生气了，我觉得父亲一点儿也不爱我，即使那么久没见到我也不会想我，一点儿也不关心我。

后来，我负气地拖到深夜一点多才回家，我看到了父亲坐在沙发上的睡容。

母亲对我说："晚饭是你爸亲自做的，他说你最爱吃他做的麻辣鱼，还硬是不让我进厨房帮忙。他还给你炖了酸萝卜鸭子汤，炖了五个小时呢，你爸还特地多放了两个酸萝卜……"

我记得父亲第一次炖汤的时候我告诉他说，我喜欢吃酸萝卜，多放两个吧。他却板着脸对我说，你真是没计划，放多了汤就不好喝了。

那个时候，我看着桌子上一点儿没被动过的鱼和汤里的酸萝卜，我疑惑，我不知道我的父亲是不是那么爱我。

6

我二十岁的时候，我去了外地上大学，一年才回一次家。在我的手机通讯录里，从来就没有父亲打来的电话，偶尔和他说上话的时候，也是母亲让他和女儿说几句话。

电话联系着身在两座城市的我们，那是我们两父女最尴尬的时候，我本来以为他会对我说："一个人在外面要吃好一点儿，照顾好自己，不要生病了。"

但是父亲却说："在外面性格不要太冲动了，不要得罪别人。"

我愤怒，我觉得我的父亲一点儿也不爱我，他不关心我在外面过得好不好，他不在乎我是不是想他，他甚至一点儿也不想我。

后来，我再也没有主动地和父亲通过电话，有一次母亲在电话里对我说，父亲常常对着我的照片发呆，他想我了。

我不信，他一个电话也不曾主动打给我，怎么可能会想我呢？

母亲对我说，父亲是怕我学业忙，主动打电话怕会打扰我的学习。

那个时候，在我的脑袋里突然显现出了父亲坐在床角，拿着我的照片凝视的画面感，眼角有些浸湿，我疑惑，我不知道我的父亲是不是那么爱我。

7

过年的时候，我回家了，和父亲两个人一起去逛超市，我们一路上都沉默着，不知道该对对方说些什么。

他走在前面，我走在后面，我想起小的时候父亲也总喜欢叫我和他一起去买菜，那时候我还小，他总是把小手指留给我牵着。

现在，他还走在前面，我还走在后面，我看到他小手指还翘着，一如我小时候牵着他的样子。我真的忍不住了……

父亲回头疑惑地望着我，我对他说："我想为你写一篇文章，题目就叫'我觉得父亲那么爱我'，你说好不好。"

本我以为父亲会开心地对我说："我本来就很爱你，还用你写出来吗？"

但是父亲却面无表情，只丢给我一句："随便你吧。"

我很伤心，我觉得父亲一点儿也不爱我，甚至都不愿意和我小小地互动一下。

后来，在回家的路上，我看到父亲的嘴角总是不自觉地往上扬，连他自己都没有发现。

那个时候，看着这样有些像孩子一样的父亲，我疑惑，我不知道我的父亲是不是那么爱我。

妈妈的十二封情书

夕里雪

此刻，你的身边有酒吗？有肉吗？如果有，那就好好坐下来，听我给你讲一个故事。

旭子在电话里说这些恶心话的时候我在重庆。重庆是个好地方，滔滔长江横亘而过，将陡坡连缓坡的"山城"笼罩在一帘薄雾之中；浓密相间的翠色植被掩映下，山路往复，曲径通幽，整个城市都透着一股浓浓的诗情画意，让你站在高处，忍不住想吟咏一番。

而间杂在韵味之中的，便是一股浓浓火锅味。正如某部电影所说：重庆的火锅店比街上的出租车还多。此刻我就坐在洪崖洞的一家火锅店里，看着眼前的九宫格大铁锅，里面密密匝匝的红辣椒翻滚沸腾，一股酥麻热辣扑面而来。

如果不是本应该坐在对面的那个人放了我的鸽子，此情此景，该有多么完美。

旭子不是个爱爽约的人，接了一个电话之后转身就跑的事情是第一次。我虽然摆了一脸的通情达理，但心里依旧会怨。此刻听到这个木讷的人居然要给我讲故事，我决定暂时放下心里的埋怨，毕竟能让他违背约定，一定是个重要的故事。

好吧，我听。

这是旭子的故事，可这却是个悲伤的故事。

把时间推回到2015年，故事的开头，旭子在上海。江南烟雨勾人情丝，他的艺术家老师突发奇想，要做一次横贯中国东西的"特殊"音乐采风——从上海到新疆阿勒泰，全程近四千三百公里，不带任何现代通信工具，随行的仅有基本的录音和摄影设备。用老师的原话："这是一次传统文化对于现代科技的挑战。"

旭子自是欣然随行，毕竟这对任何人来说都是一次艰难而又珍贵的挑战。他兴致勃勃地收拾行装，制订路线，直到进入火车站候车大厅，才想起要给家里打一个电话。

可是手机已经扔在上海的老师家了，他只好用公共电话拨通了妈妈的手机。

我对旭子的父母一直知之甚少，只知道他爸爸是教育工作者，妈妈是医生，也许是受教育程度比较高的缘故，对旭子一直处于放养状态，随他的天性喜好成长，只要他不为非作歹，父母从不干涉过多。我几乎从未见过他与父母联系，好像他从离家读书开始，就一个人自由惯了，只有每年春节的时候，才会回一次家。

但这次毕竟不同寻常，可能会有大半年的时间与外界"失联"，他终究还是要提前和父母报一声平安。

电话那一头的母亲和以往任何一次通话一样平静，只是在旭子讲述的间歇插进几个淡淡的"嗯"，最后在旭子即将挂电话的时候，才说："你到了一个停留久的地方，可不可以给家里打一个电话？不用经常，只是想起来了，打一个就好。"

旭子听得出母亲平静背后的担忧，他无法拒绝，点头说好。

然后他背上行囊出发。从上海，沿长江西行过荆楚到达重庆，然后一路向北，翻过秦岭，越过黄河，沿河西走廊踏上西北的丝绸之路，出玉门关过敦煌进入塔克拉玛干沙漠，越过天山，进入准噶尔盆地，一直到阿尔泰山脚的边境城市阿勒泰。

每到一座整顿休息的城市，旭子都会如约给母亲打电话。"妈，我到重庆了。""妈，我在西安。""到兰州了。""在乌鲁木齐，刚下车。""到阿勒泰了，快回家了。"……十几个电话，有时兴奋，有时匆忙，有时疲惫，但母亲总是淡淡地"嗯"一声，随意地打听打听他的食宿，不动声色。

这就是故事的前半段，浩浩荡荡，气势磅礴，历时九个月的旅程，跨越中国近十个省市，老师和旭子用异乎寻常的毅力完成了一次小小的奇迹。在这个庞大的奇迹面前，有关母亲部分的记忆是那么的渺小，几乎可以说不存在。

故事的后半段被发现时，时间已经是2016年4月。因为一点儿小小的天灾，2016年春节旭子没能回家，想着爸爸的生日正好在中秋，干脆就等中秋节再回去好了。于是我们约了五一去重庆，谁知道我前脚刚刚订票，这家伙后脚接了一个电话，转身跑了。

来这个电话的不是别人，是旭子的爸爸。

旭子的妈妈犯了心脏病，医院会诊后提出做搭桥手术，手术存在风险，要求家属同意。签字笔放到旭子爸爸面前的时候，他忽然犹豫了，手中的笔拿起又放下，他抬起头对医生说："您等我打一个电话，毕竟她做事不听我的，我得听听另外一个人怎么说。"

相濡以沫十几年的夫妻，他深知妻子的心一直系在另外一个人身上，他半分夺不回来，却又不能争，不能抢。

因为这个人，是他们的儿子。

旭子用最快的速度赶回武汉，陪妈妈做完了手术。住院观察的几天里，有一天父亲单位临时有事，要旭子替妈妈回家拿换洗的衣服。十几年从不进父母房间的他，笨拙地翻箱倒柜，却无意间发现了妈妈的秘密。

被尘封了小半年，有关那个故事后半段的秘密。

旭子找到十二个快递包裹，寄往全国十二个不同的城市。按照时间顺序一字排开，刚好可以拼出他去年的路线图，收件地址和电话都是他无意间透露给母亲的住宿客栈，但收件人无一不是他的名字。

他坐在地上一一拆开包裹，寄出的内容形形色色，有腊肉干，有抗生素，还有冲锋衣。那个上午，他守着一地乱七八糟的什物，努力回想早已被抛诸脑后的与母亲的电话内容。

"妈，我到重庆了。没感冒，就是这边下雨了，有点儿咳嗽，没事。"

"妈，我在西安。这边的羊肉孜然太重了，吃不惯。"

"到兰州了，嗯，温差大，晚上特别冷。"

……

他一边回忆，一边想象着母亲如何不动声色地从他嘴里套出住宿信息，然后戴着花镜上网百度地址和联系方式。

他兴致勃勃地和老师踏上一场文化的朝圣，却不知道母亲追在他的身后，用九个月的时间写下十二封漫长的情书。

有人说陪伴是最长情的告白，母亲的情书太短，短到没有起承转合，短到没有抬头落款，短到只剩下两个字，一笔一画地写在收件人栏里。

可惜旭子行色匆匆，来不及收到这绵长的情意。母亲的快递一件件寄出，一件件退回。

镇江，查无此人，退回。

重庆，查无此人，退回。

西安，电话错误，退回。

张掖，查无此人，退回。

……

他无法想象，母亲接到那一个个退回的包裹时，该用怎样的表情——仿佛一颗心被全力地抛到他的方向，却又被冷漠地轻轻送回。庆幸生活的安排，最终让他发现了这个秘密，让这个不懂事的大男孩儿，在这个阳光晴朗的午后，守着十二封沉甸甸的情书，哭得不能自已。

故事到这里告一段落，旭子在电话那一头短暂地沉默下来。他问我在想什么，我擦了擦眼角的泪水，尽量不让他听出我哭过，说："我在想啊，你回家之后应该不用什么钱吧，你看我一个人在重庆，是吧……我记得你微信绑定了银行卡，可以转账的，别以为你讲个故事我就原谅你放鸽子。"

三言两语挂了旭子的电话，我抬起头，凝望着身后的长江。山城依旧美得令人沉醉，但此刻我竟然失去了停留的心情。我给妈妈打电话："妈，你知道吗，重庆的火锅太辣了，辣得我脑袋疼！这天天下雨，一点儿都不好玩，我要回家，你给我包饺子，嗯，韭菜馅的……"

我们总是在追逐一些东西，十五六岁时追求爱情，于是写日记，寄情书，奋不顾身；十八九岁时追求自由，于是说走就走，勇往直前；我们耗尽前半生去追赶下一站的风景，所以总是看不到，在身后的那个人，用尽后半生的时间，只是为了追逐一个你。

沿途的美景虽然好，但是偶尔，也请你回头，给身后的那个人一次招手。

我最不喜欢的人

张爱笛声

1

我叫苏童星，周围的人都叫我苏乞儿。童星是我爸对我的期望，乞儿是我生活的现实。我的爸爸是演戏的，跟着剧组天南地北地闯，见到的大人物多了，心也跟着大了起来，总幻想着自己有一天也能成为万人崇拜的大明星。

我却最最讨厌他的狂妄与无知。

我很小的时候就跟着他到处去等"机会"，不管严寒酷暑，我们蹲在电影厂的门口，只要导演一招手说要群众演员，我们便和身边几百号人一起一窝蜂似的拥过去，丝毫不管那个角色是扮演死人还是僵尸。我从五岁开始拍戏，一直都在扮演乞丐，连导演都说我是"乞儿专业户"。我爸听了很是高兴，老是趾高气扬地跟人炫耀说我是个童星，就连到饭馆里吃碗面条他也要跟人介绍说："这是我儿子，在电视剧×××里演个会武功的小英雄，看着面熟吧？"但是其实我在那部电视剧里就只出现了几秒钟，是一个和主角打架时被一招撂倒的无名小乞丐。

我们一开始住在北京一个地下室里，然后又辗转于云南、深圳等地方，用我爸的话说就是"我是剧组一块砖，哪里需要哪里搬"。对了，我爸叫苏红雷，和那个著名的演员孙红雷一字之差。但可惜，老天对人都是不同的，一个是影帝，一个是能领到一盒盒饭当片酬都欢呼雀跃的群众演员。

我曾劝我爸，找点儿别的事做吧，不能一条路走到黑。

我爸说，再等等吧，天就亮了，路就明了。

我说，我不想每天都看别人脸色过日子了，也不想每天灰头土脸的像个叫花子一样了，更不想每天只吃几个馒头，住在地下室里了。你这样，怪不得我妈会离开你。

我爸气急败坏地朝我喊："你别提你妈！"

2

我真的很不喜欢我爸。他让一个本来幸福的家庭支离破碎。

我至今还记得我妈离开时的场景，她跟我说："童星啊，跟妈妈走，他脑子坏掉了，整天发着明星梦，你要是跟着他，这辈子就完了。"

我妈原本也是个会生活的女人，懂点儿诗词歌赋，相夫教子，日子虽过得平淡，但至少安宁幸福。后来有一天，我爸兴高采烈地回来跟我们说，他当了一回群众演员，可好玩了。我妈以为他只是一时兴起，也一笑而过。可是后来，他说演了一回戏之后他才知道，原来这才是他最应该去做的事，他找到了生活的意义。

再后来，他辞了工作，每天寻找着当演员的机会。甚至把年幼的我也带去当起了儿童演员。

再后来，我妈妈决定要离开。

我妈妈让我跟她走的时候，我内心是很想的。可是我转身看到我爸，他穿着拍戏时穿的灰色长袍，上面全是灰尘，他那样望着我，眼神似深秋潭水，又冷又静。我就那时心一软，挣脱了妈妈的手。

后来有很多次想起，我都怪自己当时心太软。

我曾问我爸，拍戏和我妈，如果让他回到过去选择，他会选择哪个？

他很认真地回答我："为什么我需要做选择呢？你妈妈就不能留在我身边，看着我完成自己的梦想吗？"

我终于承认，他无药可救。

3

上高一的那一年，我以考大学为理由，拒绝了任何演出的机会，我爸深深地看了我一眼，也没说什么。我脱下脏兮兮的乞丐装，换上了干净的校服。我心里明亮得不行，我终于摆脱了被人叫"苏乞儿"的噩梦生涯了。

我爸继续海北天南地拍戏，无暇顾及我的学习与生活。偶尔一个电话打回来，无非就是说他演了什么戏，比上一个角色多了一句台词，同组的著名演员有×××还有××等。没有他的照顾，我几乎没有了经济来源，每天待在学校里吃着最便宜的饭菜，晚上回去一个人住着冰冷狭小的出租屋。可是即便如此，我内心依然高兴，我顺利地向新学校的同学隐瞒了我当过十几年小乞丐的事实，当然也没有告诉他，我爸爸就是个演了十几年戏，事业依旧没有任何起色的群众演员。

后来班主任让我们填一份家庭情况表，上面有一栏是父母的职业。我犹豫了很久，缓慢地在上面填上"演员"二字。我承认我的怯懦，我没有勇气在前面加上那两个字，它让我感到一丝的羞耻。

年轻的女老师看到我填的表后，惊呼道："苏童星，你爸爸是演员啊，电视剧演员吗？叫什么名字，演过什么片子？"

她只是好奇，并无恶意，我却感觉脸像被火烧过一样，进退维艰。我艰难地开口，"我爸叫苏红雷。"

　　身边的同学瞬间大笑，"是孙红雷还是苏红雷啊？哈哈哈哈，我还以为你爸是影帝呢？苏红雷是谁，我没有听过啊！"

　　晚上回家之后，我爸给我打了一个电话，询问我的身体状况，嘱咐我要好好学习。末了，又讲到他正在拍的这部戏，导演对他很好，经常对他说："老兄啊，你戏演得不错，下部戏如果有需要，还找你。"

　　他说得神采飞扬，语气里满满的自豪感。我却脑子一热，冲着他吼："你懂什么，别人一句客套话，你就当真了？拍了十几年戏，你得到了什么？你在我眼里就是个傻子，在别人眼里就是个神经病！"

　　话筒那边很久都没有传来声音，我缓缓搁下电话，泪水却不自觉地蔓延在脸上。

4

　　我第一次拨通了妈妈的电话，跟她说，我想跟着她住了。我知道她肯定不会拒绝的，这么多年来，她一直一个人生活，偶尔会跑到学校远远看我一眼，但她也不愿见我，她说她怕自己会软下心来回到那个家里，面对我那走火入魔的爸爸。

跟着妈妈的日子很幸福，有可口的饭菜，有人嘘寒问暖，但我时常会突然想起爸爸，不知道他现在在哪里，拍戏的那个地方条件是否艰苦，我那天说的话是不是伤了他的心。

我偷偷地跑去北影那条街上，以为能看到他的身影。在那密麻的人群里找了很久，也没有见到他。倒是有一个电视剧的制片人员见到我，说："好久没见你了啊，你爸不做演员了，现在改做什么了？"

我很是疑惑，我爸不做演员了？

他笑着说："上次他拍完我们那部戏后就来跟导演说下部戏不能拍了，以后都不拍了。导演还跟我说你爸的模样很是正经，拍戏也认真，看得出是真的喜欢演戏。不拍了真有点儿可惜。"

我不知道是什么原因突然能让他放弃演戏，他爱到深入骨髓的东西，怎么会轻易放弃？

两个月后，我终于见到了他。

他夹着公文包，穿着一身整齐干净的黑裤子白衬衣，仿佛回到了十几年前的那个模样。他和我妈说，他现在在一家报社上班，和以前的工作差不多，再也不拍戏了，让我和我妈都搬回去，一家人好好过日子。

我妈一开始不肯，他就每天来劝，每天来求。三个月后，我们一家终于团聚在一起。

我问爸爸，你为什么会突然放弃拍戏呢？是厌倦了吗，还是突然想明白了？

他沉默，很久才说，有比拍戏更重要的东西。

回家后的爸爸重复着朝九晚五的上班生活，每天下班后就坐在院子里听听戏，一边哼曲一边演，如果邻居的几个小孩来看，他演得则更加卖力。

有时候我们一起吃饭，他会突然说几句莫名其妙的话，比如"我们的国家到了如此危难的境地，每个人都必须崛起，为了祖国而奋斗，而努力！"他正襟危坐，声音洪亮有力，搞得我和我妈面面相觑。他才不好意思地解释，"这是昨晚看的一部电视里的台词，一直在我脑里旋着，不自觉就说出来了。"

5

很久以后的一天，我妈给我打电话，声音焦急，童星，你快回来，你爸演戏时被车撞伤了，现在在医院呢。

我心里又急又恼，他怎么又去拍戏了呢？这么多年来都好好的，他难道又想毁掉这个家吗？

赶到医院时，他已经睡着了。医生说他被撞了一条腿，需要休养几天。还伴有轻微的脑震荡，所以没那么快醒来。

听我妈说，他是下班途中经过一个拍摄场地，导演在教一个群众演员演戏，那演员尝试了几次都演不好，于是他就上前教导了几句。导演见他懂得拍，就让他尝试一下。拍的是一场车祸的戏，他又甚是认真，不小心就被车撞到了，幸好没有出大事。

我心里责怪着他，我妈却说："唉，我也想通了，他是真喜欢这份职业，怎么也割舍不了的。他这么喜欢，就让他拍吧，退休的老头子，总得找点儿事情打发时间，只是以后，不能让他拍这么危险的戏了。"

妈妈递给我一个发黄的本子，说是爸爸以前的日记和备忘录，让我看看。

我坐在他的病床边，静静地翻阅着他的往事。上面记录的都是他拍的一些电视剧剧名以及扮演的角色，还有属于他的台词。蓝色和红色的笔迹交替着，可以看出他的用心。

翻到最后一页，他写着：决定要放弃当群众演员了。晚上童星打来电话，那一番话让我很伤心，但他说的也没错，是我太自私，不仅让他失去了妈妈，还没能在他身边照顾他，我不是个尽责的父亲。这几天拍的是战争片，非常危险，几次爆破的时候我都会害怕，如果我不幸出事了，那童星怎么办呢？想起他很多年前问我的问题，有没有比拍戏更重要的东西？我现在能回答了，他比拍戏重要得多。

我看着他沧桑的脸和布满老茧的手，突然对以前的事情释怀。能够几十年如一日地喜欢着一件事，大抵就是所谓的热爱了吧。

而在他的世界里，我才是最重要的。这已经足够了。

他醒来后，跟我和我妈说："对不起，我忍不住，又去演了一回。以后我真的保证不会了。"

我摇摇头，去演吧，我和妈妈都不会反对了。

6

康复以后，爸爸开始了他的演戏生活。在家旁边的街道上，他常常组织退休老人排演话剧。也常常有导演找上门来，要找他演一个小角色。

我跟他说，老苏，演了这么多年戏，你终于受到肯定了。

他总是呵呵地笑，那是因为我演得好啊。

日子就这样平淡而幸福地过着。

我最不喜欢的人，慢慢成了对我而言最重要的人。

飞过时间的海

我和我的穷老爸

Quintus

1

老爸一直对我说："年轻的时候，穷点儿真的没关系，但是不能没有骨气。"可是那样的老爸过了大半辈子的穷苦日子，还是不懂得如何在子女面前树立好一个父亲的形象，年轻时愤世嫉俗，一言不合就和人打架，也不管家中还等着他回来吃饭的妈妈。小时候看到老爸胳膊上流了好多血，会哭着跑去小卖铺买止血布。后来大了点儿，开始有力气反驳父母的权威时，便和老爸杠上了，有时我说话太冲，老爸的耳光就会落下来，不疼，可是却浇了心里一壶水。但即使关系不好，老爸在外面和人打架时，我还是会屁颠屁颠地跑去买止血布。再后来大了点儿，便反应过来：傻瓜，哪有人被人砍还让女儿贴止血布的。可是老爸就是这么傻，他穷得理所当然，会抢我小猪存钱罐里的钱去买烟，明明和人打架打得那么凶，到我这里却没下过重手。

我又想起小学一年级的时候我考试不及格，在等老爸打架回来的时候，姐姐试图把我的试卷藏起来，甚至想到了拿打火机，而我默默地拿着板凳战战兢兢地坐在屋前的台阶上等着老爸。后来路灯都亮了起来，黑夜和不远处的猫叫声，比以往更让我害怕得抬不起头。姐姐拿着橡皮擦把她前几天刚发下来的试卷上的名字擦掉写上了我的名字。事后，姐姐被老爸罚了站，姐姐哭得撕心裂肺，"我以后再帮你善后，我就是个笨蛋！"后来姐姐还是当了好几年的笨蛋，再后来姐姐意外走了，我性格变得十分怪异，在嘲笑了一个上了年纪的中年妇女后，那人找上我家。当场老爸就把我给抽哭了，老爸又教导我一句话，至今言犹在耳，"当你想开口伤害别人的时候，你要想到，这个世界上不是所有的人都比你幸福。"

"可是，我没有姐姐了……"那时分不清是鼻涕还是眼泪，灵魂和内脏都在抽痛，咬着牙消化不了老爸说过的那些话。

很多年后，在东帝陪同学买鞋时，一位顶着啤酒肚的中年男子吵着要退一双49码的凉鞋，而他的孕妇妻子就站在他旁边，中年男子要退的那双鞋子是妻子刚买没穿几小时的鞋。东帝的店长和她满嘴脏话的丈夫吵了五分钟，那样的她显得很可怜。

还有件小事，在贵族世家自助餐厅打工时，一个年轻的妈妈给她两个小孩买了儿童牛排后，就留下还没支付牛排钱的婆婆，和那两个孩子离开了。印象深是因为那个婆婆没有付账就吃着店里的东西，即使店长一再委婉地提醒老人没有付自助餐的钱不可以吃……

"你要想到，这个世界上不是所有的人都比你幸福。"

"年轻的时候，穷点儿真的没关系，但是不能没有骨气。"

我突然就明白了老爸所说的话。

2

毕业后开始找工作，面试那天闹钟响了好久，我挣扎着无法从阳台的被窝里爬出来，老爸看不下去了，把我从被窝拖进室内。

我找到了一家待遇不错的公司，可是不提供住宿。和老爸在万达附近找房子住，因为地段原因，房租很贵。后来那家公司的老板问我："你放弃这份工作，就是因为你没钱租好的房子？"那老板还安慰我说："年轻人忍忍就好了。"我回了句："万达公馆一个月六千元，那是有钱人住的地方，我能租得起的地方旁边是棋牌室。"

那是我重度抑郁的时候，每天都要和被窝做斗争，起不来时就要被老爸拖着起床，生命力就像都流进一个无底洞里。

我果然没有北漂精神。

老爸接着陪我面试，陪我一起找房子住，和我一起躲在大商场游戏厅里唱一下午的歌，陪我一起吃他不爱吃的韩国料理，却和我说要大口地吃不能留食物在汤匙上，明明不吃牛排却会跟我说牛排几分熟最好吃……经过老爸大手大脚地带我花钱，我的生活过得更加窘迫。

但是我还是学会了不再买最便宜的东西或者最贵的东西，我只买最适合自己的东西。可以花工资的四分之一买一瓶香水，也可以花十几块钱买眉粉。

我还开始学化妆，手残严重，差点儿把老爸的心脏病吓出来。

第一次放声唱歌时，发现世上竟有如此难听的声音，还是在老爸笑得快喘不下去时继续勇敢地唱下去。

有人问我他不是你老爸吗？怎么没帮你租一个好的房子，找到一个好的工作单位？

是啊，他是我老爸，很穷，还老爱花他女儿的零花钱，但他更像一个长不大的孩子，才会像以前那样老是和别人打架，时不时脾气上来就控制不了自己。可是这样的他却陪我度过了最孤独的时候，他不懂我的心情，也不懂什么是抑郁症，有时脾气上来就直接破口大骂，可是他也有好的一面，在讲道理这一块，我从来讲不过他。

直到今天我才突然明白了一个道理，爱是相互的，我爱他，他也爱我。

3

刚毕业那会儿面试碰了好多次壁，现在在一家知名设计中心当编辑，老爸已经提前过上了"买买买"的老年生活。生活很平淡，偶尔老爸又和老妈吵架，或者想和我打架，但是日子越变越好了，都说时间可以治愈一切伤痛，可是我想说那并不适用我，当你某一天能忽然醍醐灌顶地明白世上再浓烈的感情也不该逾越想活下去的本能，那大概就是领悟幸福的开始。

这是我抑郁的第五个年头，我身边的人依旧爱我，我很幸福。

云烟深处有星辰

李寻乐

1

七月的尾声依旧带着燥意，路边的蝉鸣格外惹人厌烦，我趿拉着拖鞋，穿着汗臭味十足的衣服，口袋里仅仅放着上次洗衣忘记拿出来的，干皱的二十块钱。星光璀璨，灯光清明，可我却偏偏不知道该往哪里去。

刚和父母就毕业后的去处狠狠地吵了一架，他们想托关系给我找一个安稳舒适的饭碗，但我却偏偏想要去远方的大城市打拼，努力做出成绩来。

他们摇着头说："你就是还年轻，不知道什么是好什么是坏，这么多人去大城市，可真正混出头的又有几个。"

我耸耸肩道："也许吧，但也比待在这个城市里，从早到晚地重复着一件事，然后在你们的笑容里娶妻生子，要好得多。"

终究还是不欢而散，我生气地冲出家门，想着一去不回头，直接飞到那个灯红酒绿的世界里，做出一番成绩来。可这个梦在过马路时被一辆闯红灯的面包车撞破，我跌倒在一旁，右脚疼痛难忍，而肇事车辆却溜之大吉。深夜的路口没有多少人，在我疼得不行的时候，一辆小三轮忽然停了下来，一个看起来五十来岁的男人扶着我到了医院。

我咬着牙硬是不肯透露父母的电话，懒得和他们扯上关系。那个男人在病房外吸着烟，然后把医药费给付清了。

窗帘被风卷起，我躺在满是消毒水味道的病床上，想着未来该如何报答他。

鲜花阳光，还是微笑金钱。

2

男人叫老张，全名没和我说，大概连他自己都快忘记了，我想大概江湖儿女不愿俗事缠身，名字什么的都是浮云而已。他是街上卖烧烤的，每天骑着小三轮，在城管看不见的地方停留，然后板子一架，家伙一摆，就是色香味俱全的老张烧烤了。

第二天中午他提着一大盒烧烤来看我，香味远远地就勾起我胃里的馋虫。他被护士批评道，我伤还没好可不能沾这些荤腥油腻的东西。老张立马把烧烤一收，老老实实地说是自己没注意，肯定不会让我吃的。然后护士一走，他接着走到我面前递给我那些烧烤，那大约是中午剩下的一些，我吃得津津有味，满嘴流油。

他看着我直皱眉，又递了瓶水给我说："慢点儿吃，没人抢。"

我接过水道了声谢，一顿吃饱喝足后，就开始抱怨着那面包车司机是怎么开车的，现在开车的怎么都这样呢？

老张嘿了一声，说你这不是连我一起骂上去了吗。我想了想笑着回道，你那是三轮车，不一样。

老张眉眼里似乎暗了一下，影影绰绰地看不分明，然后又问我父母电话呢，出事了赶紧告诉家人。可任凭他如何劝说我都不愿松口，来来回回就一句，一个人在这座城市无依无靠。他皱了皱眉，半晌才说，你小子不是想讹我吧。我嬉皮笑脸地回了句，谁让你捡起我呢，老张你就好人做到底，收留我呗。

大概是我长得太过于让人放心，抑或是精彩的论述打动了他。老张抬了抬手说，那你就先跟着我吧。

桌子上的竹签乱七八糟地叠放在一起，我意犹未尽地摸着鼓鼓的肚子。心里想，老张可真是个好人啊。犹如被

飞过时间的海

困在沙漠中的我，恰好碰到了甘甜的清泉，泉水潺潺，抚平我被烈日晒得皲裂的身体。

3

在医院过了几天看似清淡实则油腻的日子后，伤势不重的我被医院赶着出院，早点儿空出床位给需要的病患来。老张这次没有问我去哪儿，闷着声看着拄着拐杖的我，挥了挥手让我跟上。

坐在老张的三轮车上，板凳上还残留着些许不知道是肉是菜的渣滓，狭小的空间里有些闷热。在我被饶得七荤八素的时候，终于到了一个陌生的小区。生活在这座城市二十年了，我怎么就从来没见过这里呢，真的是奇了怪了。

老张就住在小区的一个地下室里，一张板床，一台风扇，简易的卫生间，还乱七八糟堆放着些东西。

不大的空间，闷热得过分，尽管电风扇开到最大的档次，依旧减弱不了热气的威力。我坐在床上看着收拾衣服的老张，笑着问："老张你怎么一个人住啊。"按理说老张这个年纪老婆孩子总有吧，可怎么都没见过老张打过电话或是提到过。永远都是抽着烟，脸上印刻着浑浊的眼珠里藏着多少不能懂的东西。

我睡了一觉，然后一直到了半夜老张收摊时才吃上晚饭。我耐不住好奇又问了一遍，他才说自己孤家寡人，年轻时在这里打拼，可过了好多年，最后还是骑着三轮车卖烧烤。

烟雾一圈圈地从老张口中吐出，像是缠绕着身体里的孤独，顺着鼻子嘴巴一股脑地倒出。老旧的灯光下，我安静地看着老张，想起了他白日里沉默的样子，一下子竟然不知道说些什么，只能安静地吃完烧烤，然后躺在床上。

年少时扬言要走遍千山万水，年老时却偏爱固守一地，期间又有多少次在梦中流泪。

可终究天亮之后，笑着过着。

4

二十年前的老张还是家乡最帅气的一个，当时正好赶上去城市打工的热潮，于是跟着浩浩荡荡的队伍，走到了一个陌生的从未到过的地方。

老张的文化程度只有小学二年级的水平，虽然当时普遍学历不高，可在大城市里的他，除了一些苦力活竟然没有适合他的工作。几年下来工作换了好几个，寡言少语的他也没能抓住机会在那座城市扎根。

曾经有份工作是在小饭馆当帮工，认识了一名漂亮的服务员燕子，本来都快在一起了，可燕子家里有事，在一个傍晚后就离开了小饭馆。而后不久他也辞职了，然后顺着城市东奔西走，四处飘荡，好几年才回趟家。像湖里的浮萍，哪里风大就往哪里去，哪里风景好就往哪里去。又过了好几年，老张的父母也相继去世，拽住他的那根细茎也断了。

之后那些年里他依旧四处游荡，却始终找不到可以留下他的东西。不久前，老张真正的变成了老张，再也不能肆无忌惮地飘荡了，于是买了辆三轮车，批发了些蔬菜肉类，摆起了烧烤摊。

其实他也不知道年轻时一路辗转到底是为了什么，好好地和父母在家也许妻子孩子都有，能够顺顺利利幸福美满地过完这一辈子。

可他没有，哪怕现在的他也有点儿迷糊，燕子的音容笑语也一直回荡在他心头。可当初到底是为了什么呢，没有跟随，依旧飘荡。这到底是冥冥中莫须有的东西，还是真真切切的存在？

月华似水，蝉鸣声无端扰人清梦。

我突然也好想知道。

5

我的腿伤没过几天就好得七七八八了，我也不好意思蹭吃蹭喝，在老张一次收摊回来的时候和他说了声，干脆我去帮忙吧，就当是回报这些天来的照顾了。

老张没吭声，低着头收拾着没卖完的菜品，脸上一如既往地看不清神色。但我知道，他是答应了。

早上老张去菜市场买好蔬菜和肉，我在家里等着洗菜，然后分门别类地放好。中午坐在三轮车里跑到很远的一条巷子里摆着，客人不是很多，大概也跟我和老张不爱吃喝有关系。就那么一辆车摆在路边，拿出一部分吃的，然后站在一旁等着客人来。

我是因为不好意思，还有点儿难为情，万一被认识的人看见怎么办。老张大概是习惯了，不爱说话不爱热闹，奉行姜太公钓鱼愿者上钩。对面路口卖凉皮的阿姨对着我们指指点点，大概是在说我们不会做生意吧。

其实我也想过回家，那样我就可以躺在舒服的空调房里，咬着冰棍吃着水果。可终究还是拉不下面子，当初说好的话怎么也不能反悔，不然还得被笑话一辈子啊。

风吹过街道，尘土扑面而来，不知怎么的，我忽然对着路上走过的人，开始问着要不要吃烧烤。有人拒绝，但也有人笑着说好，老张站在旁边动作熟练地放菜，撒调料。有些调料被撒在了炭火上，然后带起一阵阵的烟来，似乎就像这一辈子，所有人都迷失在烟雾中，寻找出口，有的人很快冲了出去，也有人转了很久也冲不出去。

那天晚上繁星满天，老张是笑着从外面小饭馆里点了盆小龙虾，喊着我快点儿吃。白天生意应当是不错的，可他竟然只是拿着一盆小龙虾贿赂我。

不过算他厉害，竟然知道我特别爱吃小龙虾。小小的电视发出微弱的光芒，正好演到了一场论功行赏的戏码。

我傻傻地笑了起来，这功臣，可真没白当。

6

就在我以为我会陪老张度过一个暑假的时候，没过多久警察就找到了我，把我带回了家。我再三解释道我不是被老张拐卖的，然后和老张说我是因为和父母吵架然后才谎称一个人的。

老张看着我没说话，依旧抽着烟，用比平常更加低沉的声音说："嗯，知道了，没事的。"

我有些失落，大概老张这个年岁的人什么没见过，在江湖上也闯荡了这么久了，还能有什么事可以让他们惊慌失措。

临走前老张正在拿竹签串起蔬菜，和平常我去买菜时一样，淡淡地嘱咐了我一句以后要好好的。不知道为什么我忽然有了些许安慰。打扰了老张这么久，终于还是要回归正轨的。

回到家里，父母紧张地问我有没有怎么样，我笑着说没事。他们看着我检查了好几遍才松了口气。后来我穿着干净的衣服，躺在空调房里竟出乎意料地发现老张的小区就在附近，只不过被其他建筑挡住所以以前不熟悉而已。

我长长地舒了口气，莫名地找到了点儿熟悉和安慰。这座城市这么大，不知道有多少人会像老张一样，窝在一个小房间里，却过着自己的人生。早出晚归，身体酸痛，应酬喝酒，抑或是卖苦力。似乎难熬的一辈子，似乎望不见头的岁月。但生活也许不会像书上说得这么好，却也不会像想象中的那般糟糕。每个人的脆弱和坚强都是超乎想象的，有时候简简单单的一句话就泪流满面，而有的时候则会选择昂首挺胸大步向前走。

　　而像老张，还有大多数人追寻的东西。也许普通，也许不普通，可说到底，都是特别的。

　　也许老张会存够本，拥有一家自己的店面。也许有人会在百层高楼里拥有属于自己的楼层。而对我来说，所谓未来，就是哪怕没有想象的安逸，没有想象的舒服。可乐在其中，敢闯敢拼的我们，却会真切地觉得。

　　那才是未来啊。

飞过时间的海

言不由衷是一种病

温小和

1

顾小声家的房子会摇晃。

她家在大马路旁，每逢有载满沙石泥土或是建筑材料的大卡车经过时，地面会轻微振动起来，连房子都会轻轻摇晃。

有时摇着摇着，天花板的灰尘碎屑会掉落下来，呛得人一鼻子灰。

一摇二晃下，房子南面的墙壁早开了条裂缝。顾小声躺在床上，透过那条裂缝，能看见外面的光线，她头枕着手臂，一动不动地躺着发呆。

李老师是县小学的美术老师，这时上班去了，还没下班回来呢。家里只有她一个人，安静得可以。安静的环境让心情也随着低落下来，她很失落。

而散落在她脚边的一张信纸，是她失落的原因。

信纸上写了这么一句话：顾小声，你是个撒谎精，我们讨论后决定，和你断绝同学关系，你不要再来缠着我们。

她能认出是温和和的笔迹。

温和和这么针对她的原因很简单，就是因为她昨天无意评论了一句温和和新买的裙子丑死了。

信纸的下方还附了许多同学的签名。顾小声数过，一共是四十二个。而她的班级里总共有四十四位同学，也就是说，除了她自己，还有一个人没有在这张宣称要与她断绝同学关系的纸上表明态度，签下名字。

是谁？她眼睛一亮，一道身影从脑里晃过。她跳起来按着那张纸找，果然没有在上面看到刘弘贝的名字。

她一乐，忍不住抱着信纸笑起来。

刘弘贝够意思。她果然没有看错他。

但笑着笑着，她听到门口有响动，又连忙把信纸往书包里一塞，像猴子一样火速蹿到她的书桌旁边，打开作业本，装作认真做作业的样子。她像模像样地咬着笔头，对着练习本上最后一道题皱眉，假装冥思苦想得旁若无人，其实她的耳朵早就竖起来，听着房间外面的动静。

李老师进了门。

李老师在脱鞋。

李老师放下袋子。

……不好，李老师往她房间来了。

她拽过草稿纸，开始在上面写数学公式。

在她写到第四道公式的时候，李老师倚着她房间的门框，问顾小声："小声放学回来啦？"

顾小声啊了一声，好像是被打断了做题思路一般地懊恼道："我刚回来。"

李老师继续问："真的吗？"

她眼睛也不眨地点了点头说："真的，没骗你。"

她没想到，下一刻李老师却开始发火，她愤怒极了，指责的语气中又带了极大的失望，"你学校老师都打电话给我了，说你又早退，你还撒谎骗我，骗人那么有意思吗？你骗得了我吗？"

李老师有一个缺点。性格不好，暴躁，发作起来絮絮叨叨，跟你翻旧账能翻到上辈子去，简直没完没了。

顾小声早就见怪不怪了。

李老师发作得差不多了，才狠狠踩了一下地板，转过身出去了。

出去之前，顾小声听见李老师骂道："你这个小撒谎精，这骗人的臭毛病什么时候能改？我告诉你，撒谎不是好孩子做的事。"

2

顾小声能做一个好孩子。这是李老师的心愿。可惜注定实现不了。

事实上，顾小声一直撒谎。

比如，期中考试之后，她撒谎说自己考了第三名，可事实上，她连全班三十名都挤不进去。考得最好的一次，她刚刚好排在第三十一。

再比如，她曾向同桌的姑娘吹嘘她曾经获得省级舞蹈比赛一等奖，可事实上，她根本没有上过正规的舞蹈班，只在七岁那年，跟着邻居家的姐姐跳过一遍广播体操。

同桌的姑娘早就知道顾小声的为人了，也不和她分辩，只扑哧一声笑了，"我好久没看见过有人能把牛皮吹得这样清新脱俗了。"

再再比如，她会在下课时跑去教师办公室的门口溜达一圈再回来，眨着双眼对班长说："老师有事找你，喊你去她办公室呢。"

撒谎一次两次，大家也还不介意，只当她性格开朗，爱开玩笑。但久而久之，大家终于忍无可忍，决心要和她断绝同学关系。

在这样一个小县城里，大家都还是比较单纯的，喜欢充当正义的化身。

于是温和和一呼百应，成功说服全班人一起孤立顾小声。

于是便有了那封以温和和同学为领头人，四十二位同学署名的宣告书。

顾小声丝毫不介意，在确定了纸上没有刘弘贝的名字后，把那张纸撕得粉碎，扔进了垃圾桶。

她也不介意别人拿她取笑，也不介意别人喊她的外号，撒谎精骗人鬼什么的都好，随他们喜欢，只要刘弘贝不这么喊就行啦。

她夜里喜滋滋地躺在床上，盘算着明天见到刘弘贝要怎么和他道谢，顺便提出和他去校外的饺子店吃一顿饭。正打算着，李老师在外面喊她："小声，去接电话。"

李老师正忙着画一幅画，忙得头昏脑涨，没有空闲去接铃铃作响的电话。

她啪嗒啪嗒拖着拖鞋跑过去，电话里是年轻男孩儿的声音，低沉清澈，非常有特色，她能认出是刘弘贝的嗓音。

刘弘贝说："今天的事我没拦住他们，你别介意。"

她脑袋当机，好几秒钟后才反应过来他在说什么，忙打着哈哈笑道："没事没事，我没放在心上。"

"虽然我没拦住。"刘弘贝又说话了，"我也没有和他们同流合污，我没有在纸上签名，你知道吗？"

"我知道啊，我知道。"她揪着电话线眉开眼笑，耳朵却灵敏地听到李老师房间里的响动，下一刻，李老师问道："谁打来的电话？"

"我同学。"她忙捂住电话话筒，对着李老师房间应道。

"男的女的？找你做什么？"李老师总是非常在意有没有男同学和她来往密切。

她马上说："女的，女的，找我问今天的课后作业是什么。"

李老师哦了一声，没再说话。

破旧的老屋隔音效果并不很好，她怕李老师偷听，也不敢多说，怕李老师起疑，欲盖弥彰地对刘弘贝说："今天的作业啊，数学卷子一张，还有英语单词要背喔，明天要听写的。"

电话那边沉默一会儿，笑了一下，"我知道。"

"好了，我都听到你妈妈和你说的话了。"他似乎是笑了笑，不等她开口又说："挂电话吧，明天再说，别让你妈妈知道有男生打电话给你。"

她立刻回应："她不是我妈。"

电话那边的男生顿住。

她却不给他机会再问，挂了电话，回到房里躺在床上，她望着墙上那一条裂缝，狠敲了一下自己的脑袋。

只是接了个电话而已，明明没做什么亏心事，她却这样鬼鬼祟祟地瞒着李老师，怎么搞得像真做了亏心事一样？

3

第二天早上，她摇晃着醒来。

用脚趾头想也知道，外边的马路上一定又是有货车经过了。她揉了揉眼睛，从床上滚到窗户边，打开窗户探出头去看。

这一条马路沿途并没有什么商店，所以除了车辆，来往的行人并不多。以至于她在这一番空旷的视野里，一下子就望见了那个少年，她心中的那一个少年。

男生规规矩矩穿着第一中学的校服，骑着黑色的自行车。他单脚踏在地上，像是在等人。

会不会是等自己？

这是顾小声脑子里蹦出来的第一个想法。因为这里是老城区，这一片区域内的房子，由于临近大马路，噪音大绿化差，居住条件不好，很少有人愿意买下来，所以，她的同学几乎没有住在这附近的。

至于顾小声为什么住在这，当然是因为这里地租便宜呀。

男生微微仰了一下头，目光便落在二楼窗户边的顾小声身上。他眨了一下眼，身后是金色的太阳，逆着的光从他身后倾泻而来，给他的发梢染上一层金色的光芒，连带着他的轮廓都柔和起来。她这样看着，竟被闪了一下眼。

他身后的马路上，有大型货车正在经过，扬起路上的粉尘，他被呛得咳了一下。

"下楼。"片刻之后，他笑着说。

她反应过来，立马收拾好东西，几下解决好早餐，背着书包跑下楼。

她最后坐上了他的自行车后座。

刘弘贝本是不多话的人，她刻意不说话，他便仿佛找不到话题一般，任气氛尴尬。最后是她实在按捺不住了，扯了扯他的校服问："你没什么话问我的吗？"

"没有啊。"他笑着，放慢了车速，"你想我问你什么？"

有很多话，她以为他会问她。

比如，昨晚她的那一句不经大脑的话，她不是我妈。

他如果问，她也不会瞒他。她会对他坦白，她并不是李老师的亲生孩子，而是从孤儿院领养的。李老师对她很严厉，曾经因为小时候她不听话，整整一天不给她饭吃。

李老师大概是个不懂沟通的人。至今未婚，却领养了她这么一个孩子。领养了顾小声，却从来没有真正了解过顾小声的想法。

她和大多数人都一样，都认为顾小声是个撒谎精，对顾小声很失望。

唯一没有对她失望的，是眼前的这个男生。

顾小声这么想着，终于微笑起来，路边沉默的白杨青翠欲滴，早晨的风吹过，留下沙沙的声音。顾小声想，眼前的这一个人，有些像路边的这一排排树。

是这样的孤傲而坚定。仿佛什么都不能撼动他。

他愿意和她做朋友，坚持相信着她。

这一路沉默着踏过，她在距离校门口还有几十米的地方就跳下车，拍了拍他的肩以示感谢，接着大步往校门方向跑去。他却叫住了她，面上的神情依旧是笑眯眯的，"不等我一起进教室吗？"

他那么容易就看穿了她的心思。

她是不受欢迎的人，与她走得太近也有可能被一起排斥在外。

他送她上学的好意她心领，却只想隐瞒这件事，不想让人知道。

刘弘贝跃下车来，拉住了她的胳膊把她拖走，"和我去停车棚停车，再一起去教室。"

停车棚里遇到好几个同学，他给车上锁的时候，温和和与几位姑娘从她旁边经过，和顾小声打招呼："顾小声，你怎么也在这？和刘同学一起来上学吗？"

她不予理会。

却想起家里垃圾桶里，那一张由温和和倡导而写成的绝交书。

"是啊。"最后是刘弘贝笑了笑回答，"我和顾小声住得近，骑车带她一程。"

4

刘弘贝在撒谎。

他家的房子在城西的新城区，而她住在城北的旧城区，本是不顺路的，但他坚持每天来找顾小声一起上学。

顾小声婉拒过几次。但说是拒绝，其实她内心非常渴望有机会和刘弘贝单独相处，拒绝的话语也便显得不够坚定，他一再坚持，她便再三妥协。

只是每天早上出门时，都要警惕李老师。

怕她看到刘弘贝来接她上学，也怕她误会。

所以她让刘弘贝在离她家有五百米远外的公交车站等她，她自己则提前二十分钟出门，徒步去和他会面。

顾小声自以为她的警惕工作做得很好，李老师没有发觉，可接下来发生的事情证明她太天真。李老师是何许人也，在小学教美术许多年，课堂上揪得了犯困的学生，抓得出看课外书的同学，侦察的功底比顾小声深厚得多，顾小声这点儿小把戏，在她看来，就是小菜一碟。

不出意外地，顾小声被抓了。

和刘弘贝一起，在公交车站，被李老师当场逮住。

顾小声天生反应慢，被李老师从后面远远一声大喊，立马呆住好几秒。她愣神的这期间，李老师已经快步冲上来，一把将要坐上自行车的顾小声拉开，"小声，他是谁？你每天提前二十分钟出门，就是为了和他见面，你们俩关系不正常，是不是？"

李老师这人，还有一个缺点，喜欢脑补。

根本子虚乌有的事，被她脑补得倒成真的一样了。

李老师把她护在身后，一面又指责她："你怎么能和他走得这么近？顾小声，你太不懂事了，你不害臊吗？我真替你丢脸！"

顾小声简直哭笑不得了，扯了扯李老师的衣袖，"他是我同学，你别嚷嚷了，别嚷嚷了，行不行？"

她的脾气和李老师很像，都像炸药桶，一点就着，没事和人交往摩擦更是容易起火花。要不是顾虑着在刘弘贝面前，顾小声保不准已经和李老师吵起来了。

她也觉得自己的暴脾气不好，发作起来说的话基本都不经大脑，难保伤人，但就是控制不了自己。

结果这一天，顾小声没能去上学。

李老师拖着她的手把她从公交车站拖回了家，还锁上了门，在顾小声赌气回房之后还大声指责道："你这是什么态度，学校老师就教你这样对待我？我看你以后还是别去上学了，别给我丢人现眼。"

李老师生气时，骂人的话特别难听。

她把自己关在房间里，拿棉塞堵住耳朵。可惜没多大的用处，李老师那些失望又带刺的话还是不停地往她耳洞里钻。

她坐在书桌旁，把头埋在手臂里。

坐着坐着，她红了眼眶。

她是领养的孩子，所以，李老师不喜欢她，也是情有可原的，对不对？

她自从被领养回来，便在这里长大，出入时免不了听到邻居家的阿姨叔叔在她后面指指点点，闲聊八卦。

大意不过是，李老师的丈夫因为嫌弃李老师不能生育，狠心和李老师离了婚。八年之后李老师不忍孤苦寂寞，去孤儿院领养了顾小声。

才不是什么好心同情，李老师不过要的是一个保障，确保将来有人给自己养老送终。

顾小声不想去相信这些，可李老师一直对她粗暴得不得了，唠唠叨叨更是家常便饭。

她一直忍耐着，可她脾气也不好，总有爆发的一天，于是在她中考完的那一个暑假，她终于一改缄默温顺，开始变得非常叛逆。

就像被逼到绝路的一只刺猬，退无可退，只能回击。

所有人都在有意无意地告诉她事情的真相：她不是亲生的，她是领养的孩子。

所以，活该不受宠爱。

当全部的不满积聚在一起时，忍耐比不忍更加可怕。

"顾小声，洗完碗你不会顺手把抹布拧干吗？你这个月打破了多少个碗你知道吗？抹布湿淋淋地放在桌台上像个什么样子？还有，洗手池你也不擦干，我从来没见过像你这样懒的女孩子……"

就顾小声没拧干抹布这一件事，李老师唠叨了整整十五分钟。

到后来顾小声忍无可忍，反噬回去："你不就是心疼钱吗？我长大后会把钱连同利息还给你的，我会如你所愿给你养老的，你可以放心了吗？"

所有气头上的话，只要和钱扯上关系，都能变成黑暗里的一块碎玻璃，不动声色地插入人心。

5

就顾小声和刘弘贝关系密切这一件事，李老师唠叨了一整天。

到了饭点，顾小声赌气没出来吃饭，李老师也开始和她冷战，没有喊她。顾小声一直有胃痛的毛病，于是饿到晚上，胃开始抗议，一抽一抽地疼，疼得她只嘶嘶吸气，却无计可施。

她想起客厅的柜子里有胃药，于是强忍着痛，蔫蔫巴巴地站起来，去找药吃。

药瓶是空的。

她这才想起，她上次吃的药，是药瓶里最后两颗药。

她站在柜子旁边，站着觉得实在太痛，于是跪坐下去，捂住肚子，继续翻找，终于让她找到一瓶还没空的胃药。

吃了药后，她摸索着回房睡觉。

睡到半夜，她是被痛醒的。肚子那里一阵接一阵地传来绝对不同于胃痛的痛感，她躺在床上，额头一头冷汗，眼睛盯着墙上那条裂缝，外面是清冷的星光与黑夜。

她起初还想着忍忍的，到最后实在疼得受不了，只好挣扎着出了房门。

刚出房门就晕倒在地，只来得及气若游丝地喊了一句："李老师，我……"

记忆到这一刻戛然而止。

醒来后，她在家附近的小诊所里。

天已经亮了。

李老师正怒气冲冲地和诊所里的大夫争吵，声音大得像喇叭，顾小声被吵得眉头皱起来，侧耳听了听。李老师正在说："你们这算是什么医生啊？连包好药都不给我闺女吃，她现在还不醒！你们到底会不会治？我要去告你们的！"

越说越过分了。

诊所的大夫不停地解释任何药从吃下去到发挥药效都要有一定的时间，可李老师根本听不下去，不停地吵吵嚷嚷。临到最后，诊所大夫索性懒得搭理她，看她的目光带点儿鄙夷，像是看不知好歹的村妇。

而这一切，顾小声都看得真切。

像是被田地里的马蜂蜇了一下，她觉得心里刺痛。

吊完水，李老师骑着小绵羊载着她回家。一路上还在不停地数落，顾小声头晕乎乎的，但还记得反驳道："你为什么不把过期的药扔了？你不知道过期的药吃了会出问题吗？你这不是害人吗？"

坐在她前面的李老师突然安静，像是带点儿愧疚，半天才说："我本打算扔掉的，谁知后来竟给忘了。"她话锋一转，避重就轻又开始唠叨："顾小声你还有理了？我告诉你好孩子可不是你这样的……"

又来了。

顾小声在心里叹气。

这一次，没有再和李老师吵下去。

倘若李老师是狠心的人，大可不必在半夜里折腾着把她送到诊所，也大可不必为她迟迟不醒而梗着脖子和医生吵。

她坐在车后座上，李老师怕她头晕，强势要求顾小声把头搭在自己的肩膀上。李老师身材矮小，或许是怕顾小声弯腰幅度太大不舒服，她只好坐得笔直。

挺直了微驼的背。顾小声发现，原来在自己无知的年月里，李老师已经被年月所俘虏，正在缓缓变老。

顾小声甚至可以在她头顶的发里找到一两根刺眼的白发。

可是这几年的时间里，她们两人都在吵吵闹闹之中度过。

没有半分的温言好语，只有像两只刺猬一样，针锋相对。

6

不出意外地在家的楼下，看到刘弘贝的身影。

他骑在车上，似乎在等顾小声。看到她和李老师归来，他的目光追随过来。顾小声本想去和他说句话，却被李老师一扯，扯上楼去。

只能回过头来，抱歉地和刘弘贝笑一笑。

那之后的几个星期，他没有再来等顾小声一起上学，可是每一个早上她背着书包出门下楼，却总能在楼下的信箱里找到写着她名字的信。

白色的信封，信纸上是男生工整的字迹。

每一张纸上都用楷体写着男生摘抄的诗句。

在这一个晴朗温和的天气里，她头顶着灰蓝色的天，坐在屋子旁边的白杨树下，专心致志去读这样几封信。

信纸上密密麻麻的字迹晃花了她的眼，但她记住了这样一段话。

如果有来生

要做一棵树

站成永恒

　　风吹过白杨树的叶子，沙沙的声音像流水一般流淌过手中的信纸。楼上的李老师从窗口探身出来喊她："顾小声，快上来，我有话对你说。"

　　"来了来了。"她回过神，小心翼翼地把信纸放回信封，捧着信封跑上了楼。

　　屋子里除了李老师，还有另外一个西装革履的男人。

　　大概四十多岁的年纪，看起来比李老师年轻许多。顾小声进了门，为了不让李老师发现，她放鞋的时候把信封塞到鞋柜里，若无其事地关上鞋柜，和李老师打招呼。

　　她喊："李老师。"眼睛却盯着坐在沙发边侧的那一个男人，她并未见过他的面，不知道要称呼他什么。

　　五月的天气已非常热，天花板上的大吊扇开着，不知道是哪里出了毛病，咔咔作响。一转便分割从天窗投入的光线，给这个男人脸上投下或明或暗的斑点。他的语调里听不出情绪："美姿，你这几年一直没告诉孩子真相吗？"

　　他说这话时，脸是对着李老师的。

　　真相是什么？什么是真相？

与其面对残忍的真相，倒不如被善意的谎言蒙蔽来得舒服安稳。

"小声，你不该喊她李老师，而应该喊妈。"他的手指着沙发另一侧那一个她熟悉又陌生的女人，又指了指自己，"我是你爸。"

她的心一阵战栗。

而李老师在这一刻，完全失掉她的威风，却更像是一个被揭穿的撒谎的人，只是无助而迷茫地盯着顾小声，那眼神像极了……她像极了顾小声上学路上会遇到的那一只流浪大狗。

顾小声看到她哭出来。

李老师掩着面，把腰弯下去，再弯下去，把头靠在膝盖上。她尽全力也没能阻止突如其来的眼泪，她多年来铸就的铠甲终于在这一刻分崩离析，在这一刻，坚强勇敢都是空话，唯有眼泪最真实。

顾小声突然就像发疯一样，冲过去推沙发上的那个男人，她也不知道自己在说什么，只是不停地重复骂道："你回来干什么？你让她哭了，这么多年我没见她哭过，你回来干什么？你现在还回来干什么？"

像一只饱满的气球，接受了四面八方的空气充盈之后，炸开。

那个尚还年轻的男人最终被顾小声赶出家门。

她气喘吁吁地倚着门站了一会儿，李老师始终在哭，没有抬起头来，看她哪怕只是一眼。

邻居家的孩子难得的没有吵闹，楼道里没有任何人的脚步声，仿佛所有的声音都被一张薄膜隔绝。顾小声在这清冷的安静中，只听见李老师压低的啜泣声。

她是那么骄傲的一个人。

如今她却弯着腰，哭泣。

顾小声走过去，蹲在李老师面前，做了一个自己都没有想到的动作，她抱住了她。

"你不要以为我是心疼你。"顾小声依旧嘴硬，眼眶却被这样凄冷的气氛渲染得通红，"我才不会那么轻易就原谅你们俩呢，才不会！"

顾小声一直对李老师心存抗拒，可是现在她发现，这个意想不到的拥抱，其实没有她想象中的那么讨厌。

7

"毕竟我们是血浓于水的亲人啊。"

"但是要我大度原谅，也没有我想象中那么容易。"顾小声突然话锋一转，"我一直以为我是没有爸妈的，可是现在，突然有一个人说他是我爸，有一个人说她是我妈，真的很难接受哎。"

说这话时，她坐在学校里空无一人大阶梯上，远远看着对面足球场里，三两个踢球的男孩儿，手接过身旁刘弘贝递过来的可乐。

刘弘贝并未发表过多的个人意见，更多的是扮演一个倾听的人，安静地把她抱怨的话收入耳朵里，然后站起来。

"要去踢球吗？"他这样笑着说。

他没有过多的安慰，却带着她，第一次亲密接触了叫足球的玩意儿。

"顾小声，你这个动作不对！"

"手不能触到足球的，把球放下来，用脚踢。"

"顾小声，你以为是在打篮球吗？"

……

到最后玩得大汗淋漓，她笑着把球扔还给他，往喉咙里咕咚咕咚灌可乐。

满眼绿意间，刘弘贝拍了一下她的头。

"再怎么说，他们也是你的父母。"

"你伤害他们，不认他们，自己孤家寡人，你觉得好吗？你会快乐吗？"

顾小声再路过那一间诊所，是在周末。

开诊所的医生因为病人很少，没有工作可做，非常无聊地聚在一起打牌。她本是路过，却鬼使神差地走进去，要求买一盒胃药。

柜台的小姐笑容可掬地为她介绍着哪一种药好，里间让病人吊水的地方却冲出来一位中年妇女，神情慌张地扯着医生询问："我女儿怎么还不醒呢，她都睡了很久了，会不会出什么问题？"

那个样子，像极了她的李老师。

这世间没有一模一样的两个人，却有相同的情感。是发自内心的爱。

她最后提着塑料袋往家的方向走。

她在门口，掏出钥匙的时候听到屋子里有笑声，来自她的爸妈。在她认定自己没有亲生爸妈的第十六个年头，有一对男女告诉她，他们就是她的爸妈。

她并非领养。

当初重男轻女的思想的确在那一个男人脑中存在，所以在一次醉酒之后的不清醒的状况下，他狠心把刚一岁的女儿抛弃，送去放在孤儿院的门口。那时候男人的事业惨遭挫折，外债欠了一大堆，为了不影响妻子，他只好离婚，北上打拼。

在那一张离婚协议书上，他写得很清楚，债务全都由他自己来担。

他把一切都交代给妻子，交代得很清楚，却唯独没有透露女儿的下落。

那个女人开始在电视上报纸上登寻人启事，抓住一切渺茫的希望，只为找到她的女儿。

七年之后，顾小声在孤儿院，被她找到。

八岁的顾小声已懂得许多事，她不敢轻易对这孩子袒露一切，只能暂时让这孩子喊自己李老师。这一喊，便是又八年。

顾小声低着头，拿着钥匙去戳钥匙孔，却刹那视线模糊，怎么也不能顺利插入钥匙。

门却已被向里拉开，她的爸妈站在门内。她的李老师第一次那么温柔地对着她笑："小声，回来了？"

她的心突然软得像一摊泥。

"嗯，我回来了。"

那个倨傲的男人曾发誓赚不到钱不回来，而如今，他向妻子女儿证明了他并非一个废物。那个任性的女人也已放下满身利器，愿意为他洗手做羹汤，重拾一颗少女心。

好吧这就是圆满的结局了。

周一，顾小声在午休时，溜达在顶楼去看风景，扩音喇叭便安装在她头顶的墙上，她站在这里，能非常清晰地听见校园广播里主播温和的嗓音。

他用着放软放柔的声音念。

　　如果有来生

　　要做一棵树

　　站成永恒

配着轻柔的背景音乐，竟也非常戳人心窝。

到最后，主播说："这一首诗，送给高一一班的顾小声同学，祝你愉快。"

她的身后有轻微的响动，她回过头去，在墙壁挂着的名人像中，她清晰地看见了他。

那一个男生，规规矩矩穿着校服，朝她伸出手来。他的背景虚化，她的眼里只看到他。他的神情，和许多天来，待在她家楼下等她一起去上学时，一模一样。

我愿站成一棵树，如白杨一般，只守护你。

8

又是一年六月来临。

这一年，顾小声升入高三。因为高考的缘故，这个六月被赋予特殊意义。

她踏入考场时，转头看见爸妈的脸，是带着微笑的，仿佛秋天的麦田，温暖而充满希望。

有同学与她擦肩而过，顺口说一句："顾小声，考试加油啊。"

她的目光便望过去，做了个加油的手势。远处的温和和朝她招了招手，用口型说："加油。"

加油。

她微笑了一下算是回应。

她和温和和已经并非不同戴天的仇敌，反而成为友好的朋友。在这一个年纪里，一句不走心的话能导致失去的，可能用一句解释便能换回来。比如，她和温和和的友情。

这一段友情太过纯洁，她不忍断绝。

8号考完，9号她便被拖去桌游店玩桌游。是全班的同学聚会，除了几个实在有事情脱不开身的，大多数人都有到场。

刘弘贝不在。

她掩去眼底的失望神色，热热闹闹地招呼大家玩扑克牌。

他们开始玩三国杀的时候，她碍于不会玩，只能缩在一旁哧溜哧溜地喝奶茶。邻座一直玩手机的男生站起来，和她说了一句："抱歉，能让我过去吗？"

她忙站起来，给他让路。

却不想再坐下去，于是捧着奶茶走出店外，去透透气。

刚被雨水淋洗过的马路显得格外干净，街道上空无一人。她深吸了一口气，眼睛的余光却瞥见在街道尽头，那一个少年脸上带着微微的笑意，朝她伸出手来。

一瞬间的喜悦冲昏头脑。她不顾自己穿着裙子，竟就这样，踩着路面的积水，像踩着反射出耀眼光线的琉璃桥，朝他跑过去。

她面上的笑容大得仿佛下一秒就要触到幸福的光线。

身后是温和和追来喊她的声音："顾小声你去哪？你要去哪儿？你怎么突然跑起来了？"

她边跑边回过头去，温和和脸上尽是惊愕的神色。顾小声笑起来，刘弘贝来了，她怎么能不跑呀？

然而不过是转头的瞬间，下一秒，她回过头去，火花熄灭，希望破碎。

街道尽头是空旷的天。她以为天边有彩虹，定睛一看却发现不过是错觉。她像是活在小说里，喜欢把一切事情想象得美好，喜欢给故事赋予圆满的结局。

事实上，他没来。

没有像路旁的这一棵树，笔直挺立，永不离开。

温和和追上来，气喘吁吁："你怎么了？"

她的笑意僵在脸上，好久才找回自己的嗓音。

"没什么，回去吧。"

她其实忘了，白杨树，也会枯老。

故事到最后，并没有完全的圆满。

顾小声的人缘慢慢变好。

顾小声的成绩突飞猛进。

顾小声的家庭和谐美满。

像是拥有了一锅看起来很不错的粥，别人都羡慕她。

然而别人都不知道，这一锅粥放了太多盐，让她吃下去后，嘴里咸苦，眼里流泪。

她的身边并没有刘弘贝。

那一个男生在她树敌满满时，坚持站出来，用他自己的方式，表明他的态度。

就像一棵行道树。只是现在，树干枯死，残留的为数不多的绿叶，也不足以染绿她的视野。

他像是童话里的王子，帮助了失落的灰姑娘后，却未作停留，礼貌退场。

他完成了他的任务，于是最后，慢慢退出她的生命。

其实，他们的交情并非有多深。

从最初的时有交谈，到后来交情慢慢变淡，最后，形同陌路。

只是她还留有期待，期待这一个童话也如她听过的所有童话一样，美满地结尾。

但最后，一切都与她的想象背道而驰。

莫名其妙地，她与他断掉了联系。

搬家搬到新房子的时候，她看到空落落的老屋，突然不舍得离开。曾经她无比嫌弃这一间破旧的屋子，而现在却发现这其中盛满了她无数回忆。

她房间里的那一条裂缝被她爸补好，于是再看不见满目阳光。

她下楼去给邻居家的小孩讲故事，她坐在白杨树下的青石板上，说着自己改编的童话："小姑娘向王子表达完感激之情后，目送着王子骑马离去，从此他们没有再见面。"

趴在她腿上的小女孩摇摇她的手臂："没有了吗？"

"啊，没了。"

9

街道的另一边，有人在喊她："顾小声，你怎么还是这么磨蹭？做事情慢吞吞的，我真服了你了。"

顾小声把目光投过去。

看清是谁后，她撇了撇嘴站起来，拍了拍裤子。

"好啦好啦，就来。"

李老师还是一样的啰唆。

这世界有太多的言不由衷。比如我心中的我喜欢你，是我嘴上的我讨厌你。

言不由衷是一种病，我愿体谅你，请你包容我。

因为我们，深爱彼此。

.

你让温暖难以释怀

夏南年

1

如果问十三岁的盛嘉燃，最讨厌的人是谁，她会毫不犹豫地回答，是亲哥哥盛树于。她发誓，这辈子没见过那么讨厌的生物。

对于讨厌的人总是要采取点儿措施，盛嘉燃买了五元钱十包学校门口小店卖的辣条，藏在了盛树于的屋子。正巧盛树于在一家人其乐融融吃晚餐时，很倒胃口地往卫生间跑，盛妈很自然地问："怎么又吃坏肚子了？你是不是又偷偷在外面买脏东西吃了？"

"我从来不吃那些……"

"妈，"盛嘉燃打断盛树于的话，"我明明看见他今天偷偷摸摸藏了几袋辣条在屋子里……"

"盛嘉燃你血口喷人！"盛树于大喊，盛嘉燃莞尔一笑，"妈，你还是去看看吧，万一哥吃坏了肚子……"

盛妈怒气冲冲推开盛树于的屋子，掀开床垫，辣条映入眼帘。作为一个小学老师，她最讨厌学生做两件事情，一是撒谎，二是买不干不净的东西吃。

盛妈把盛树于还没来得及吃的饭收了收，"这个月，你一分零花钱也别想从我这里拿。"

晚上，盛树于怒气冲冲砸开了盛嘉燃的房间，"嘉燃，你至于这么对我吗？我什么时候吃过辣条？你明知道这个月的零花钱我是要用来买飞机模型制作材料的，下个月就要比赛了。"

盛嘉燃一扫在爸妈面前乖巧的模样，"你的爱好是爱好，我的就不是吗？"

盛树于听到这句话就头疼，"你还在为昨天的事生气对不对？你不觉得自己这样很幼稚吗？你是三岁小孩子吗，傻不傻？"

"小孩子的把戏有人相信不就够了吗？盛树于，我这是以牙还牙。"盛嘉燃怒目而视，心里有一根绷紧的弦。盛树于愣了一下，气急败坏地摔上盛嘉燃的房门，留下她一个人坐在床前发呆。

盛嘉燃叹了口气，从床下的夹板翻出一本小说，将房门反锁，认真做起了笔记，可是今天心不在焉，碳素笔绕来绕去在指尖转着，不知不觉抹了一手心的碳墨。

盛嘉燃承认，她有点儿怀念小时候了。

那时候她是全幼儿园乃至小学全班女生最羡慕的公主，不是她有优秀的成绩和姣好的容貌，恰恰相反，盛嘉燃长相普通，看到她的排名，基本上就能知道她们班有多少人了，而是她有个哥哥，暖心的那种哥哥——盛树于。

小时候的盛树于在盛嘉燃眼中就是个对她无微不至的大男孩儿，像是用阿拉丁神灯许愿得来的那种，盛嘉燃挑食，盛妈又一向喜欢做很多蔬菜，再平分成四块，每人都不准少吃，于是那些苦得要命的苦瓜，就全部被塞进了盛树于的碗里。

盛妈一直弄不懂，为什么盛树于每次吃完苦瓜都要大哭，久久回不过神来，她只会说："你看你妹妹多听话，让吃什么就吃什么。"盛嘉燃吓得躲在门后面，盛树于冲她吐吐舌头。

其实盛嘉燃打心底挺感激盛树于的，小时候每次她朝别的小姑娘裙子上吐口香糖，砸碎家里的东西，最后尺子"啪啪啪"打下来，从来都落不到她身上.

那时候还没有流行男神这个词语，但盛树于，就是盛嘉燃心中最温暖的存在。有他在，盛嘉燃就不用担心前路是否风雨无阻。

可是到了初中，盛树于就变了一个人，

他再也不会在爸妈面前说各种各样的谎话保护她了，

相反的，每次盛嘉燃偷用电脑，他会第一个站出来阻止，小大人似的说："你要是不关掉，我就告诉爸妈。"

盛嘉燃偷吃零食，盛树于不声不响地藏起来，盛嘉燃考了很差的成绩，好不容易把校讯通删除，盛树于说："爸，我们今天考试了，老师说这张卷子考不到八十分，都是没把心思放在学习上。"

于是那天晚上盛嘉燃被罚写两张数学试卷，她一边抹眼泪一边恶狠狠地说："君子报仇，十年不晚。"

盛树于敲门要来教她，盛嘉燃白了他一眼，"用不着你现在来装好人。"

"好心喂了驴肝肺。"盛树于毕竟也是小孩子，气呼呼地和盛嘉燃吵，如此恶性循环，两个人每次见面都如临大敌。

2

盛树于口中昨天的事，其实挺简单的。

盛嘉燃是初二那年迷恋上小说的，那些青涩的风花雪月，每一段年少的感情，都让她又哭又笑的，零花钱不多，盛嘉燃跑了好多小铺子，找到了一家二手书摊，那里的每本书都挺新，但都被拆了包装，价格一下子就落了不少。

盛嘉燃每天都买新的书看，看完，还可以以更低的价格卖回给书铺子，很快的，她上课偷看小说的本领就练到了炉火纯青的地步，不管是班主任的脑袋从后门悄悄露出，还是任课老师的半步迈下了讲台，唰的一下，盛嘉燃手中的小说便消失在桌面，老老实实待在了一堆教辅的下面。

"我偷看小说的本领很好吧？"盛嘉燃竟然得意扬扬地跟闺蜜炫耀，盛树于看着就气不打一处来，一回家就抖开了她的书包。盛嘉燃被罚掉了一个月零花钱。盛妈终于找到盛嘉燃成绩一直提不上去的原因了，三天两头检查她的书包，盛嘉燃再也没有办法买到一本小说解馋。

盛嘉燃的怒气越堆越大，直到某天，她偷偷掰掉了盛树于最喜欢的一架飞机模型的翅膀，心里爽得要翻上天去。那天盛树于彻底理解了不共戴天这个成语。

他将飞机模型砸在盛嘉燃的桌子上，"你还有点儿女生的样子吗？除了好吃懒做还会什么？看小说谁不会，有本事你写啊，赚来稿费自己买新的小说，不用零花钱。我参加航模比赛是有奖金的。"

盛嘉燃一时语塞，但冷静下来想了很久，好像自己真的只有写作这一个机会。盛嘉燃心里特别清楚，就算她不看小说，也不会有盛树于那样傲人的成绩，盛嘉燃想起桐陈跟她开玩笑时的模样，心里起起伏伏，像缤纷的樱花瓣落了满天，又像初冬的日光，融化心房的雪。

盛嘉燃想，做不到家人期盼的自己，就做最想要的自己好了，她突然很想写一些故事，她还没有那么大胆，她想把和桐陈一起做过的每一件事融化成一个故事，她喜欢文字，也喜欢桐陈，不如为十四岁的自己留下最美好简单的纪念。

没想到写作一发不可收拾，盛嘉燃觉得，自己是真的喜欢上了这件事情。她向语文老师申请来学校图书馆的钥匙，大部分时间躲在那里，一个人安安静静地看书，看到感人的地方就勾起很多回忆，她把它们编成故事，一边等待着直到石沉大海，一边成绩下滑得更加厉害。

盛树于在图书馆门口揪住她，"长本事了是吧？你看看这次月考的成绩。"

盛嘉燃看着上面的超低分，有点儿心虚地说："我就是不喜欢学习，我想好了，我多写几年，说不定以后可以靠写故事赚钱。三百六十行啊。"

盛树于的脾气越发暴躁，和盛妈简直一模一样，"你写了那么久，过了一篇了吗？你就别痴人说梦了，你这样考不上高中，以后怎么办？"

咄咄逼人的语气让盛嘉燃难以置信，她望着盛树于很久，觉得他不知不觉变得特别陌生。转念一想，他们都不是几年前简单快乐的小孩子了，可是盛嘉燃就是不明白，为什么她走她梦想的路就不行，一定要和千万人挤那个她一定第一个掉下去的独木桥。

盛嘉燃心平气和地跟盛树于说："我知道你是关心

我，可是爱护我的话，难道不是相信我，明白我自己选择的路，也一定能走好吗？"

盛树于愣了半晌，头也不回地离开了。一下午盛嘉燃什么书都没看进去，亦舒精致的小本书在指尖翻来覆去，她在想盛树于到底能不能理解她，应该可以吧？小时候，他们心有灵犀，没道理在她最需要支持理解的事情上站在她的对立面。

可是回到家，妈妈一把夺过她的书包，将里面写满了字的本子全都倒了出来，一边吵一边撕。盛树于站在一旁附和，"你现在每天不务正业，以后怎么考高中考大学？我有爱好是在我成绩好的前提下，你呢？真以为写故事可以吃饭吗？那我请问，你赚的钱又在哪儿呢？"

盛嘉燃不可置信地望着盛树于，每一句话像一块砖，砸在她心尖上，想反驳却没有理由，想叫也叫不出声。盛树于之前的种种行为，她还能勉强接受，逼着她关电脑是可以理解成她小小年纪就戴了厚厚丑丑的眼镜，让她好好学习是为了她将来，可是让爸妈撕掉她全部的心血，这辈子她都不可能原谅盛树于了。

3

和从前最亲近的人决裂是什么感受，只有盛嘉燃最了解。看着一篇一篇故事写完，再用稿纸认真抄好，寄去，却石沉大海，她终于迎来了生命中最黯淡的一段时光。

唯一没有让她失望的是桐陈，他一如既往常常转头逗她笑，看见她认认真真写故事就拿过来看，只是那些与他们似曾相识的故事，他从没有提起过，桐陈只会说："盛嘉燃，我发现了一家游乐场，特别好玩，你去了那里，肯定文思如泉涌。"

"盛嘉燃，这里写得有点儿枯燥，你改一改吧。还有这里，进步太大了，真赞。"

于是盛嘉燃一边收藏着这些细致微末，心里桐陈的那部分温暖越发饱满。这是什么感觉呢？你以为会为你对抗全世界的人却与你为敌，但是没关系，又有一个人来到你身旁，让你继续努力。

盛嘉燃在纸上悄悄地写："天暗下来，你就是光。"她做了一个决定，距离中考还有三个月，如果这三个月里能有一篇故事见刊，她就立刻去告白，她要让身边所有人都知道，她盛嘉燃也会闪闪发亮，她也在努力。

只是她没想到，盛树于又插进了一脚。

三月春光灿烂温暖得快要从树梢溢出，盛嘉燃拉桐陈去操场上闲逛，打开手机分一个耳麦给桐陈。"头顶的叶子把阳光遮起，投下的影子斑驳记忆。想象着此刻若能再相遇，你会不会忘记了过去……"

干净的男声悠悠的，美好至极，盛嘉燃想，时间要是停止在这一刻该有多美满。

可是盛树于突然气喘吁吁地跑了出来，直直地给了桐陈一拳。

"你在干什么？"盛嘉燃惊叫。

"他根本就不喜欢你！"盛树于不耐烦地甩开盛嘉燃挡住他的手，"我告诉你桐陈，盛嘉燃不是用来给你骗的，有我在，你永远都别想投机取巧占便宜。"

盛树于一句话打破了刚才所有的美好，三个人不欢而散。上课时盛嘉燃给桐陈传纸条道歉，也没有任何回复，盛嘉燃觉得心里有什么，"哗啦"一下碎了。

盛嘉燃是真的没有想后果，晚自习班主任抱着试卷走进来时，她立刻就想到了最俗套但也最解气的办法，以至于，她完全没有听见班主任说："这次统考非常重要，年级前十名都有机会报送到重点高中。"

盛嘉燃用左手歪七扭八抄了整张卷子上她最拿手的古文答案，团成团，神不知鬼不觉地扔到了盛树于的笔袋前，几秒之后，老师伸出手，抓起纸团，"这是什么？"

专心致志做题的盛树于这才回过神，一脸茫然，无奈地背了这个黑锅。试卷自然是零分处理，放学后，盛嘉燃躲在办公室外偷听，班主任的区别对待也太明显了，她柔声细语，"盛树于，老师知道你现在压力很大……"

盛嘉燃听到开门声，躲到了洗手间，没想到盛树于也站在对面男生的洗手池，盛嘉燃目瞪口呆地看到，盛树于哭了。

她已经很多年没见到他哭了，记忆中他唯一一次哭，是替她挨打，小小的身板没挺住，终于放声大哭，盛嘉燃突然也想跟着哭。

4

上天让你哭一次，就会给你一块糖。盛嘉燃失魂落魄地背着书包慢悠悠往家走，收发室的老大爷扬着手中的大信封，"你是初三年级的盛嘉燃吧？杂志社的来信，这分量，估计是本杂志。"

盛嘉燃愣了两秒，迫不及待地一把撕开信封，自己的名字小小地印在封面上，一瞬间她破涕为笑。

盛嘉燃转身，看到一如既往每天放学后留在操场打球的桐陈，坚定地跑去他面前，桐陈莫名其妙地看着她，"有什么事吗？"

盛嘉燃憋红了脸，一咬牙，扬起手中的杂志，"桐陈我喜欢你。其实我也没有那么差劲儿，看，我的故事终于发表了。"

只是盛嘉燃没想到桐陈的拒绝来得如此干脆，他很认真地站在那里，"对不起啊，盛嘉燃，我喜欢比较好的女生。"

"我不够好吗？"盛嘉燃突然难过得有些想哭，转念想起昨天盛树于对桐陈的警告，她的心中又燃起了一片希冀，"是不是因为我哥说了什么？你不用理他的，他……他就是多管闲事。"

桐陈不耐烦地摆摆手，"你快回去吧，天不早了。"

盛嘉燃还想说些什么，看着桐陈迫不及待离开的背影，她咬咬嘴唇，忍了又忍，终于还是哭了。可是他们明明关系那么好，桐陈还时常和她开玩笑，他拒绝自己的原因，盛嘉燃思来想去，一定是盛树于昨天的威胁。

十五六岁的青涩年纪，总是把所有的责任推卸给别人，好像心里不停地想着不是自己的原因，自己就真的会变得特别好。

这天晚上，盛嘉燃和盛树于，展开了有史以来最大的一场争吵，不，准确地说，是盛嘉燃像机关枪般不停地发射，和最亲近的人吵架没有奖杯，但盛嘉燃就是想把所有会让盛树于伤心的话一起倒给他。

为了防止被爸妈听见，他们选择在楼下"厮杀"。

不知道什么时候，小区里传来阵阵清脆的钢琴声，《卡农》轻快明亮的曲调伴着凉风习习沁人心脾，盛嘉燃突然想起小时候，那几年妈妈还要给学生上早自习，爸爸上班一如既往地繁忙，她常常会担心是不是爸妈不要自己了，那么久都见不到他们。

她害怕地哭，盛树于就给她讲故事，告诉她睡一觉醒来，爸妈就会带着她最喜欢的虎皮蛋糕回家了。

可是盛嘉燃睡不着，他就给她放《卡农》，她闭上眼睛。

盛嘉燃想问："喂，盛树于，你还记得这些吗？"可是开口的那一瞬间，终于忍不住泪如泉涌，"盛树于，你就不能说句话吗？道个歉，说你错了，我明明可以发表文章，我也有能力把握好这个年纪的喜欢，你凭什么管我啊？看着我这样你很高兴是不是，你至于那么小肚鸡肠吗？我不就是坑过你几次吗？"

盛树于没理她，莫名其妙把她抱上了高高的秋千，一下一下地推她，平稳而悠然。盛嘉燃看到自己的裙角像一只蹁跹的蝶，她突然觉得一切都很美好，要不就和与盛树于有关的烦恼都握手言和吧？可是想到自己辛苦写下的上万字，很多时光里琥珀般晶莹又绵长的心血，以及桐陈明媚的笑容，她努力告诉自己，盛嘉燃，你千万不要被盛树于骗了，他不是常说你傻吗？你要是原谅他，就是真正的傻到家了。

可是秋千好美，晚风和月光都让盛嘉燃忍不住心软。

5

盛嘉燃万万没想到的是，盛树于会找桐陈打架，然后很衰的，刚要动手就被巡查的教导主任捉去了办公室，然后两个人在办公室也吵了起来。

盛嘉燃听到消息赶去时，正听到盛树于对着桐陈大吼："嘉燃哪里普通了？你配说她吗？她哪儿都优秀！"

盛嘉燃站在办公室门口，目瞪口呆。盛树于出来的时候，他哥们也跑来了，看到盛嘉燃，熟络地打了个招呼，"这就是你天天挂嘴边显摆的特别会写故事的妹妹吧？"

"你快闭嘴。"盛树于不好意思地挠挠头，盛嘉燃看着他特别想笑。

什么爱，不说就已经存在，什么爱，望着就全都明白。原来时光也没有改变他们多少，盛树于只是长成了一个别扭的大男孩儿，有点儿死心眼，有点儿想把她保护得太好，才会不理解，伤害到她内心深处。

可是只要他一句肯定，盛嘉燃就感到心中那些破掉的东西，像风铃般全都摇晃起来，叮叮咚咚，像四月的蔷薇般美好。

"对不起啊，嘉燃，其实写故事，也不错的，是我太死板了，可是看到你开心，就觉得其他的事没什么大不了的。"放学的路上，盛树于慢慢地推着单车，犹豫地说，脸红到了耳朵上。

盛嘉燃也挺抱歉的，害他没能得到保送资格，可是转念一想，他自己又不是考不上，盛树于是她心中的神，无所不能，她还是那个被百般呵护的公主。

所以盛嘉燃望着天边的太阳，"看在你那么诚恳的份上，我就大人不记小人过。"

然后她突然很想笑，想傻傻地大笑，酒窝很深很深，可以藏住满天星光的那种笑。

飞过时间的海

郑六岁

现在好想你 我爱你妈妈
一句话重复了好多年
爱太深像天空的雨点
飞过时间的海 我要回到你身边

——《飞过时间的海》

1

我打从娘胎里就认识嘉丽藻。

据我爸回忆，他跟嘉丽藻相亲那天，是寒冬腊月的某一个下午，寒风刺骨，大雪飞扬。为了给彼此留下一个好印象，我爸特意打了头油，嘉丽藻也画了夸张的口红。但是我爸说，当时嘉丽藻的脸比口红还要鲜艳，他就是对那两朵可爱的"红霞"一见钟情了。后来还是嘉丽藻告诉我，她的皮肤特别敏感，尤其是冬天见风之后会发红，又疼又痒。

所以，托我老爸的福，我得叫嘉丽藻一声"妈"。

2

嘉丽藻何许人也？在外精明干练没有办不明白的事，在家精打细算没有她算不明白的账。我爸说，他这一辈子最大的成就就是当初相中了嘉丽藻，并且坚持将她娶进了门。

原来我爸和嘉丽藻的爱情并没有因为是相亲而水到渠成。

我爸的爸也就是我爷爷，是十里八村极有名望的老中医，老爷子上过战场打鬼子，一把年纪养成了十分倔强的个性。奶奶是名门望族之后，是典型大家闺秀的气质和脾气。两人育有一儿一女，大女儿我姑姑是省城的大律师，开了一间律所风生水起；小儿子我爸爸是名牌大学的毕业生，待业在家却也是栋梁之材。在全安镇这个屁大点儿的地方，提起安家就没有不竖大拇指的。

至于嘉丽藻，她爸爸也就是我那个素未谋面的外公，在她很小的时候就已经卧病在床了，家里本就拮据，砸锅卖铁给他买药治病，仍旧药石无医撒手人寰，扔下嘉丽藻和一弟一妹与母亲相依为命。为了供家里唯一的男孩儿读书，嘉丽藻小学毕业就回家务农了，守着那一亩三分地过日子，蹉跎了一整个青春。

这样两个条件悬殊的家庭，本不该有所交集。巧就巧在，给两人牵线搭桥的媒人受我外婆的嘱托，一门心思想给嘉丽藻寻个好人家，我爸自然是不二的人选。

只是这媒人忘了"门当户对"这回事，简直气坏了我家的两位老人。我爷爷怒气冲冲地跑去媒人家里，大发雷霆，奶奶愣是三天没给我爸做饭。所谓"上有政策，下有对策"，经过我爸三天的"绝食"行为，又搬来了我姑姑这个明事理的支持者，嘉丽藻终于有机会迈进了我家的大门。

爷爷奶奶妥协了，但却不是因为心疼我爸，而是因为嘉丽藻。她一有空就去我家打扫卫生，洗衣服做饭，手脚麻利又烧得一桌子好菜，终于在征服了爷爷奶奶的胃的同时，也俘获了爷爷奶奶的心。

3

我没能参加嘉丽藻的婚礼，这被我列为人生第一大憾事。

小时候我翻嘉丽藻的结婚照片，从头到尾都没有找到我的身影，反倒是姑姑家的小姐姐被嘉丽藻抱在怀里。我一度意志消沉，以为自己是垃圾桶捡来的野孩子。后来还是生理卫生课的老师解开了我的"身世之谜"，让我打消了对垃圾桶的执念。

嘉丽藻意识到我的存在是在婚后的第二年零两个月，那段时间我真是把她折腾够呛，不过她也没给我好果子吃，她只给我吃白粥、咸菜，偶尔让我尝尝水煮蛋，这就直接导致后来的我从来没有吃早餐的习惯，看见白粥配咸菜胃里就翻江倒海。

对于这件事嘉丽藻也有不小的怨念，她说是我在她肚子里挑食，才导致她将近六个月都没能吃到荤腥，吃啥吐啥除了白粥配咸菜。

第七个月的时候，我与嘉丽藻正式见面，我俩相对无言，抱头痛哭。那时候还是婴儿的我自然是不会说话，哭也是再正常不过的事，至于嘉丽藻，她大概是被我的样子吓到了。

听我爸说，我刚出生的时候又黑又瘦，皮肤皱巴巴的像是干瘪的柿子皮。因为是早产，只有四斤六两的我几乎是在出生的那一刻就要开始担心死亡。

能怪谁呢，要是嘉丽藻好好吃东西补身体我一定是个茁壮成长的孩子。

我是在百天之后才被抱回家见爷爷奶奶的，因为我那副带死不活的惨样，嘉丽藻的"月子"是外婆一手照料的。

而我吃了嘉丽藻的奶水，身体日渐圆润健硕，皱巴巴的皮肤开始变得紧绷有弹性，最后竟像蛇蜕皮一样，一点点脱落，新生的皮肤白皙嫩滑，一百天之后脱胎换骨仿若重生。

爷爷奶奶喜欢我喜欢得不得了，嘉丽藻"母凭子贵"，正式被爷爷奶奶所接纳。

4

嘉丽藻绝对不是一个好妈妈。

在我所有同学里，有绝大部分人认为我是个只有爸爸没有妈妈的单亲孩子，剩下的一小部分人以为我姑姑是我妈妈。

至于嘉丽藻，她从来不关注我的学习，也总是拒绝参加我的学校活动。我的奖状都被她拿来糊墙，用过的书本也都被拿去烧火做饭了。

嘉丽藻不允许我带同学回家，也不许我放学和小伙伴出去玩耍。每当我坐不住凳子的时候，她就跟我讲，要像爸爸和姑姑那样，好好学习才能有出息，别像妈妈一样做一辈子伺候人的家庭主妇。

后来的我才明白，嘉丽藻是将自己的整个人生都寄托在我的身上，她最希望我能成才，替她完成她无法继续的学业，替她去看看外面世界的精彩纷呈，替她活成一个出人头地的模样。她不肯见我的同学，也不过是怕自己学历不高给我丢脸。只是当时我还太小，完全把她的苦口婆心看成了强人所难。

因此我总是和姑姑家的小姐姐抱怨嘉丽藻的不可理喻，羡慕小姐姐有姑姑那样通情达理的妈妈。我偷偷央求姑姑，希望能由姑姑出面，把我和小姐姐换一换。

嘉丽藻知道这件事之后，郁郁寡欢了一整个星期。

5

初二那年，我和嘉丽藻正面交战，彻底决裂。

我所在的全安镇一中有两个"风云人物"，一个是镇长的儿子，魏无恙；另一个，叫安宁生，没错，是我本人。

魏无恙其人，暴戾成性，一言不合就打人的主，是全安镇出了名的混世魔王。

而我，虽然是个不太安分的姑娘，但起码我品学兼优，体貌优良，家世背景并没有魏无恙那般显赫，但全安镇找我爷爷看病的没有一千也有八百，谁也保不齐哪天有个头疼脑热感冒发烧，得去我爷爷那里求医问药。

我跟魏无恙本来并不认识，但是阴差阳错得知了对方是一中的风云人物，便开始惺惺相惜起来。

青春期的少男少女，最容易产生爱情的错觉，所以当魏无羡跟我告白的时候，我想都没想就欣然接受。

我跟魏无羡的事情很快传遍了整个校园，人口相传，三人成虎，传到我耳朵里的版本竟成了我被镇长家公子魏无羡强迫。

身正不怕影子斜，脚正不怕鞋歪，我根本没有当回事，仍旧和魏无羡旁若无人地谈着恋爱。

直到班主任找到我，以"早恋"为由，将我停课一周。魏无羡也因为这件事情影响太过恶劣，被迫转去市里上学。

停课的那一周恐怕是我人生中最为煎熬的七天，嘉丽藻从早到晚地数落我，一副痛心疾首的模样。我爸倒是没有发表任何看法，只是督促我这一周的功课不能落下。爷爷奶奶在一起商量了很久，最终决定要给我把脉。

嘉丽藻说，我到底是作了什么孽，生了个如此不要脸的女儿！

我从来没想过"不要脸"这三个字会被用在自己身上，说我不要脸的还不是别人，是生我养我的亲妈。他们连问都不问，解释的机会都不曾给我，就断定我与魏无羡，做了他们口中的龌龊之事。

我懒得解释，心里满是愤恨与委屈，乖乖让爷爷把了脉，就将自己关进了屋子，我给魏无羡发短信，亲手扼杀了我们的初恋，连同我的心和我的全部自尊。

6

如果那时候你生活在全安镇，你一定会在夜深无人的街道，看到一个满身酒气的姑娘，手里拎着酒瓶，眼里含着愁情。你也会看到，在她的身后，默默跟着一个小心翼翼的中年妇女，亦步亦趋却始终保持距离。

魏无恙走后不久，我就被通知可以回学校继续上课了。没有人再提起魏无恙，也没有人再在意我的动向，我俩曾经的美好就像海市蜃楼。

我没有再跟魏无恙有联系，因为嘉丽藻没收了我的手机。我开始整晚失眠，嘉丽藻在我的脑海里不停地数落我，说我不要脸。我恨她。

酒真是个好东西，一次同学过生日，收到两盒酒心巧克力，分给我两颗，晚上吃完饭才想起来吃掉。味道不是很好，甜腻的巧克力包裹着白兰地酒心，放在嘴里又甜又苦，还带着很冲的辛辣。但是那晚，我睡个了好觉，一夜无梦。

于是，我开始尝试用酒精助眠。起初是吃酒心巧克力，后来吃得牙疼，就偷偷买来罐装啤酒倒进冰红茶的瓶子，藏在床头的抽屉里。到我初中毕业的时候，啤酒已经无法使我入眠，我只好又买来白酒灌到矿泉水瓶里。

是姑姑家的小姐姐最先发现我喝酒的事情。那天她来我房间找东西，许是口渴，便拧开了我的矿泉水瓶，一股酒味扑面而来，她二话不说就到姑姑那里告发了我。

至此，嘉丽藻彻底绝望，咬牙切齿地要同我断绝母女关系。我特有骨气地离家出走了，所幸我平时的零花钱多得用不完，足够我整个假期往返于网吧和便利店。

我爸说我和嘉丽藻在某些方面是很像的，起初我还不服气，觉得我跟嘉丽藻简直没有一个地方像母女。但是离家出走的那段日子，我真切地感觉到了，是倔强。

我倔强得不肯服软，哪怕破罐子破摔成为有家不能回的街头不良少女；她倔强得不肯原谅，甚至阻止我爸和我姑姑对我的恻隐之心。

她以为自己的态度很明确，甚至都没有告知爷爷奶奶我的去向。但有一件事她瞒不了任何人，那就是一个做母亲对儿女的那份关怀。她觉得自己隐藏得滴水不漏，看起来狠心又严肃，其实，在每一晚我离开便利店回到网吧的路上，我都能听到她的脚步声。

7

高中开学那天，嘉丽藻没有来送我，她一直不肯跟我说话，我也乐得清净。

我爸和我姑姑开车送我，一路上相对无言。自从得知我酗酒，全家人就不约而同地陷入了沉默的尴尬氛围，连呼吸都变得特别凝重。所以我特别期待高中的寄宿生活。

在车子开到快速路的时候，我爸突然面色惨白，呼吸不畅。姑姑将车驶入紧急避让车道，并拨打了急救中心的电话。

医生说幸亏送来得及时，是脑出血。姑姑签下了病危通知书，手术室的灯明晃晃地亮着，刺目的红色让我一阵眩晕，胃里翻江倒海地不舒服。

等我终于把胃里的东西吐干净，从洗手间出来的时候，嘉丽藻的巴掌不偏不倚地甩在了我脸上。她只穿了件居家的衣服，脚上还踩着拖鞋，头发披散在肩上，整个人面目狰狞，歇斯底里。

她说，都是你干的好事，都是你气得他生病，都是你，我当初就不该生你这个讨债鬼……嘉丽藻几乎用尽了毕生所学，将她所知道的最恶毒的话通通用在了我身上。

字字诛心。

我木然地揉了揉被她打过的脸，大概是太用力以至于麻木了，竟然一点儿也不疼；又揉了揉眼睛，竟然也不是很想掉眼泪。

经过十几个小时的抢救，我爸在鬼门关走了一遭又回到了我们身边，只是，他再也站不起来了。医生说是因为有血块压迫了神经，能醒过来就已经是奇迹了。

我看到嘉丽藻伏在我爸床前，一声接一声地絮叨着，她说，都是我不好，当初妈就说我克夫，我不该执意嫁给你……你别以为这样就可以什么都不管躺着享清福了，我可不伺候你……你家那死丫头我可管不了，你快点儿好起来好好教育她……

爱之深，责之切。我对嘉丽藻所有的不满与怨恨，都在这句话里烟消云散。

8

我爸卧床这几年，嘉丽藻越发没有安全感。她开始相信"命运"一说，经常去寺庙求神问卦，她总说是我们娘俩儿命硬，她克得外公英年早逝，我克得我爸卧床不起。

我整个高中都在她这种封建迷信的思想下度过，直到高考前夜，她还请人来给我算了一卦。那人说我命格不好，但常狗屎运不错，总能逢凶化吉、迷途知返，若有有贵人相助，嫁个好人家，必定能麻雀变凤凰，大吉大利。

我抱着踩狗屎的心态走进了高考的考场，题目还算得心应手，分数也还勉强可以，最后被一所市里挺好的二本录取。

嘉丽藻在我有生以来，第一次和颜悦色地问我，有没有时间跟妈一起去逛街?

9

我发现嘉丽藻真的有些老了，手掌变得粗糙，皮肤开始松弛，眼角和额头有了细密的纹路，发丝里也掺杂了些许白发。

嘉丽藻自作主张，瞒着所有人独自来市里找工作，初来乍到人生地不熟的她第一次感受到自己的无能为力。她站在偌大的火车站手足无措，拨通了我的电话，言语里带着小心翼翼。她说，安安啊，妈妈来看你了，但是我找不到路啊，怎么办啊？

这大概是她第一次在我面前示弱，我的心一瞬间柔软，鼻子一酸竟然泪目。那个总是蛮横无理的嘉丽藻，她终于有需要依靠女儿的时候了，真好。

我逃掉了一节课，匆匆赶到车站，将嘉丽藻安顿在学校附近的宾馆，又匆匆赶回学校。

晚上去找嘉丽藻吃饭，她始终束手束脚，像个小孩子一样乖巧。我说，妈，你还是回去照顾我爸吧，你看我自己在这挺好，一到休息我就回去看你俩。

嘉丽藻很难得没有反驳，点点头，又摇摇头。她说，你自己在这我还是不放心，你要是再处对象，喝酒，怎么办？

我笑笑说，当初你天天看着我，也没耽误着我。嘉丽藻扬手要打我，末了只是摸了摸我的头发，说，孩子大了，打不得了，妈明天就回去了。

送嘉丽藻回去的时候，我看到她偷偷塞进我包里五百块钱，被我发现之后涨红了一张脸。我收下了那五百块钱，并用信封装好夹在了我的日记本里，这是满满当当的嘉丽藻对我的爱啊！

我看着刚刚驶出站台的火车渐行渐远，心里却满是对她的想念。

10

在嘉丽藻的照料下，我爸已经能够下床走路，生活基本自理。看着他俩相敬如宾，恩爱非常，我这个做女儿的比任何人都觉得幸福。

嘉丽藻还是那么爱絮叨，她总是和我爸说，别以为我伺候你这么多年是白干的，将来你家丫头挣钱是要孝敬我的。

我拿眼睛瞪她，是他家丫头，不是你家的？

嘉丽藻颇为得意地说，你傻了？我俩是一家的。你可是我怀胎十月生下来的，孝敬我难道不应该吗？

我爸在旁边搭腔，哪里有十个月，安安是早产儿，顶多也就七个月。

四舍五入懂不懂？亏你还上过大学。嘉丽藻说话真是越来越有水平了，我爸愣是没敢继续跟她辩论。

　　我十八岁生日的时候，嘉丽藻刚刚学会用微信，给我分享了周杰伦的《听妈妈的话》，我说你这是啥意思？她说是字面意思。

　　我给她分享了手机里单曲循环的《飞过时间的海》，她说你这又是啥意思？我故弄玄虚地说，字面意思呗。

　　　　爱太深像天空的雨点

　　　　飞过时间的海　我要回到你身边

　　　　一段话我听了好多年

　　　　走得再远也会萦绕耳边

　　　　时间请别沧桑那最美丽的容颜

似是晚来风

似是晚来风

李寻乐

1

陶九茫然地睁开了双眼，有些不适应窗外的阳光，她用手微微挡住眼睛，准备拿出智能遥控关上窗帘。却什么都没有触摸到。

老旧的木头凳子，脱了大片皮的墙壁，雕花的木床，空荡荡的屋子。陌生又熟悉，像极了十来年前的家。她有些不知所措，这是回到过去了吗？

既然回到了这里，那么，一切是不是会变得不一样了。

2

陶九明明记得月色微冷，她躺在床上舒舒服服地做着面膜。可还来不及细想，就听见一阵瓶瓶罐罐打碎的声音从客厅传来。她慌忙跳下床，然后就看见陶妈妈披散着头发，歇斯底里地嘶吼着，把客厅里所有可见的东西都砸了。

陶妈妈又犯病了。

陶九抱紧陶妈妈，顺着她的脊背一路往下安抚着，轻声说着："妈，妈，看清楚，我是小九儿。我在，别怕，别怕。"

曾经的陶九儿不止一次地想过离开陶妈妈，她甚至对发病的陶妈妈感到害怕，可真当她失去陶妈妈，一个人独自生活的时候。她才知道她是有多么想念陶妈妈。真的，好想。

小心地收拾好客厅，给陶妈妈换好衣服，陶九看着日历，依稀记得自己在读高二，一会儿该去上学了。

十七岁的陶九，没有鲜花，没有掌声，没有一个十七岁的少女该有的温柔和善待。记忆鲜活如故，她走进教室时就听见一阵嘘声响起，仔细听还能听见几句嘲讽。

"丑八怪来了。""她怎么还来学校，不是有人说她不来了吗？""谁知道呢，大概没有其他学校要收她吧!"

陶九缓步走到课桌，灵活自如地把抽屉里不知道被谁放的脏东西扔掉，耳边嘈杂的声响却有种久违的熟悉和自然。领桌的小玲低声温柔地说："就当作没听到，别为了这个不开心。"

她看着小玲的嘱咐，忽然展颜一笑，迎着斜打的光好似花开。

"嗯，我会好好的。"

3

那天之后，陶九若有若无地变得话多了起来，不管是熟的还是不熟的，甚至是有敌意的，都笑着接起话茬。课间几名女生凑在一起说着八卦也认认真真地听着，聊起哪个明星小时候长得什么样。傍晚篮球场上，同班的男生姿势好看的投篮，她一个人加油鼓劲儿几乎盖住了其他所有人。

有人说陶九前几天会不会摔坏脑子了，然后收获了一堆人煞有其事地点头。他们不敢也想象不出来陶九是如何变了个人似的，一向孤僻自闭的她，竟然破天荒地和人交流起来了。

这可是了不得的大事，比某同学得了市物理竞赛一等奖还要稀奇。

曾经十七岁的陶九刚好处在了人生中极具色彩的叛逆期。她脸上开始长起了痘子，因为长时间照顾陶妈妈没时间打理自己。停车棚里她的自行车总是被锁，交上去的作业本总是莫名地在垃圾桶里找到。她变得越来越孤僻，也越来越讨厌陶妈妈。

那似乎是最坏的年纪，最坏的夏天。

而重回这段时光的陶九放学后一个人在厨房弄着饭，陶妈妈对着电视机发呆。一个人生活了好多年的陶九格外的享受。哪怕陶妈妈早已经认不得她，哪怕陶妈妈会发病然后疯狂地砸东西打陶九，可陶九还是格外的享受这一段时光。她用了好多年才体会到当初陶妈妈一个人抚养陶九长大的辛酸，更用了好多年才明白陶妈妈对她从来都不曾有过怨恨。

她对陶九从来都只有爱。

放在其他家庭明显得过分的东西，陶九却花了许多年才领会。哪怕那时候她早已经成为女强人，拿着丰厚的薪资在世界五百强里坐上了中高层领导。

陶九把饭菜弄好然后准备喂饭给陶妈妈吃。陶妈妈一如既往地不配合，喂到嘴里的饭生生地吐掉，反手又把放在餐盘上的汤给打翻。她只能哄孩子一样的夸着陶妈妈，"大灰狼来了，妈妈怕不怕。"

陶妈妈含糊着："怕，怕。"

陶九耐心地哄着陶妈妈，阳光透过锈迹斑斑的窗户，有条不紊地落在她们身上，整个世界的温暖似乎都倾泻在这。

陶九鼻头一酸，泪水就这么流了下来。

"不哭，不哭。"陶妈妈没有焦距的眼神，在听到陶九哭时有了反应，僵硬的抬着手学着陶九的动作，拍着陶九的脊背。一下又一下。

——陶九你一定要好好珍惜。

——曾经梦里说过的。

——你会用倾尽所能去温暖陶妈妈。

4

听说这座城市来了个音乐家，并且准备举办一场音乐会。陶九听到这个消息的时候才想起来，那年小城确实举办过一场音乐会，并且还是陶妈妈从小到大最喜欢的一个。

彼时她鬼使神差地把陶妈妈买药的钱买了一张音乐会的票，想着借着歌声重新营造起坚硬的外壳。可陶妈妈因为平白少了一段时间的药物治疗，病情却开始恶化。

如今的陶九想起曾经，陶妈妈用崇拜的语气提起那名音乐家，决心这次一定要带她去看一看。

每天早起一个小时去路边收集空瓶子空罐子，晚上在一家超市做收银，足足过了一个月才勉强凑齐票钱。

音乐会开始的那天晚上，陶九给陶妈妈找到了她年轻时最喜欢穿的一条裙子，绑着可爱的辫子，像个仙女似的把她带去音乐会。

她们坐在倒数几排，陶九听得入神，却依旧不时地扭头看陶妈妈。眼尖地瞧见她眉眼里掺杂的浅浅的泪水，无意识地呻吟了几声，像是在跟着音乐家一起唱歌。

其实陶妈妈不讨人厌啊，很可爱。那为什么当初自己那么讨厌她、怨恨她呢？

5

也许是陶九最近的表现太过怪异，让同学们都琢磨不透，可正值青春年少的他们心里又会有什么恶意呢？一连好多天下来，他们也逐渐接受起了陶九。会和她聊天，开玩笑，一起吃东西。

十七岁的陶九用她多了好多年的经验，成功的和同学打好关系，避免了孤单一人的老路子。

那之后，陶九依旧洗菜做饭然后给陶妈妈换洗衣服。陶妈妈的病情却又恶化了几分，手脚都开始有了不同程度的萎缩。给陶妈妈洗澡的时候她感觉得到陶妈妈身上的痛楚似乎又加重了几分。可她无能为力，只能一遍又一遍的祈祷陶妈妈能够好转，能够坚持到陶九可以带给她温暖为止。

似是晚来风

《《《

小城天气湿热，蚊虫很多。陶九是在半夜被陶妈妈的梦呓声给吵醒的。陶妈妈似乎做了个梦，梦里有陶先生。陶九看着陶妈妈幸福的笑容，有些甜蜜还有些苦涩。

6

时间掠过七月时，陶九后知后觉地想起上辈子陶妈妈就是在这个时候去世的，不同寻常的22号，只差三天。

她安稳地陪在陶妈妈身边，似乎排斥着却又等待着22号的来临。那天清晨她走遍小城，然后步行到家。电视里放着动画，陶妈妈就坐在床上安静地看着，脸上挂着笑容。

陶妈妈依旧时不时地冲她闹，还有砸东西，可陶九却像对待珍宝一样地对待每一刻，那是曾经没能好好珍视过的时光。

她忍不住抱着陶妈妈。臂弯刚好，可以紧紧地抱住她。像是抱住了时光，也像是带回了过去。

她给陶妈妈换上了和陶先生初相识穿的蓝色裙子。陶妈妈很美，岁月仿佛没有在她身上留下影子，她安静着看着陶妈妈。陶妈妈浑浊的双眼回光返照般有了光彩，她温柔地打量着眼前的女孩，轻声说："小九儿。"

陶九软软地应着，然后把剥好的橙子递给陶妈妈，"妈，甜不甜。"

"甜。"陶妈妈笑着把嘴里的橙子吃完，美滋滋地说了声。

电视里的哪吒演到闹海的场景，陶妈妈笑了起来，自然的和陶九说哪吒闹完海后被逼得削骨还父，削肉还母。陶九也自然的和陶妈妈探讨着剧情。电视演得很快，一下子就到了那个场景，陶妈妈似乎有些生气地看着哪吒父亲，她偏过头牵着陶九的手说："小九儿会怕吗？"

"不怕，陶妈妈会一直在我身边。"陶九紧紧地握着陶妈妈的手。

陶妈妈点点头，显得十分开心，"你懂就好，那我就放心了，陶妈妈会和陶先生一直陪在你身边的。"

"我爱你。"陶九注视着陶妈妈认真地说，然后轻轻地吻上了陶妈妈额头。

"嗯。"陶妈妈缓缓闭上了眼，满足地笑了起来。

有泪水划过脸颊，陶九抱着陶妈妈忍不住小声哭了出来。似乎难过，似乎开心。

7

陶九笑着睁开了双眼，眼角划出浅浅的泪痕。

南柯一梦，不外如是。

对于那段灰暗的岁月，她想过很多的办法可以让当时的她不再面临窘迫。可时间不能重来，但幸好，在梦中她做到了。

她想起早上翻出来的陶妈妈的日记。

——小九儿今天开始全班第二,好开心。

——会不会对小九儿凶了点儿,怎么办,还是凶点儿好。

——身体好像有些受不了了,小九儿该怎么办。

她仿佛从日记本里看到了,自己过去那些年里发生的事。学习的她,生气的她,被陶妈妈罚的她,还有孤独破败的她。

她清楚地记得陶妈妈日记里的那句。

——生活永远不可能想象中的那么好,但无论再怎么坏都会有好的时候。希望小九儿未来的每一刻,都能活得精彩过得自在,被全世界温柔以待。

人没有重来一次的机会,也不需要重来。因为所有生命中不能承受之重,都是恰到好处的温柔。都是时光岁月,还是爱。

她走过了,也爱过了。那年盛夏,晚来清风,终究拂过漫漫前路。

穿 林 打 雨

万 年

1

时常想起来的下雨天，发生在中学的时候。那年我十三岁，还是一个自卑的胖姑娘，尽管有拿得出手的好成绩，有不错的同学可以千呼百应，但是初中毕业时的800米测验却是心头的痛处。为了让我上下学方便，父母把家迁到了学校附近，不远处是一所大学的操场，里面有宽广气派的橡胶跑道。

父亲的应酬很多，每天回到家都很晚，满身的酒气让他总是打不起精神。我曾亲眼看到他在酒局上，端起杯子灌下了一杯白酒，咕咚咕咚，就好像他每天早起都要灌进的一大杯温开水，我偷偷注意了一下他手边的酒瓶，只为了一单只有半成胜算的生意。后来他终于扛不住了，有一天早上躺在床上没有起来，住了一个月的院，出院时他的脸色好看了很多，远离了酒精的腐蚀，又好像年轻了一些。

出院的当天，有雨，不算很大，却是淅淅沥沥。父亲开着车，突然对着后视镜问我："是不是要体育加试了？"心突然漏了一拍，热度瞬间炙烤了我的双颊。"嗯，对，五月底吧。"我避开他投过来的视线，看向窗外，支支吾吾。"那就剩下，不到一个月了。"父亲深思，母亲坐在副驾驶，没有搭话。

"怎么样，能行吗？"父亲的口气带有忧虑，而那时，正处于青春期的我，敏感多疑，轻易引爆情绪又不懂善后，由于高高在上的骄傲与自尊，我无法接受别人对自己的否定，特别是最亲近的人。我突然恼怒，发出幼兽的怒吼，对着刚刚出院的父亲，尽管我无法相信这样的声音到底是否与自己相关。

父亲把车停在路旁，海啸已过，残垣断壁。"下车！"他保持着仅有的理性强制命令，我已经处在悬崖的一角，而这句话，足以让我愤然坠崖。

用力关上车门后，我发现自己正站在离家不远的银行门口。汽车一辆又一辆，行人零零星星，匆匆而过，手上没有伞的我，执拗地站在原地，满腔的怒火堆积在胸口让我呼吸困难，却在冷雨下，慢慢地，好像又找到了自己。

五月底的体育考试，八百米依旧是硬伤，对着朋友我只能惨淡地笑笑，心口却被莫名地扯开一道血口，没有迸发，淙淙细流，反而最煎熬。三天后成绩出来，每个人都是秘密地拿到自己的成绩单，而我对着满分的成绩，愣了很久，想不明白，拒绝了同伴的庆祝邀请，放学后冒着大雨匆匆赶回家，母亲穿梭在厨房，对我的疑问置之不理，却还是没有抵过我的软磨硬泡，指了指卧室，我好奇地走过去开了小缝，酒气很大，伴着父亲时不时痛苦的呻呀声，瞬间泪流满面。

那天，父亲出院不到一个月。

2

很多场大雨过去，秋天就是下一个季节，而对应的，我们的生命就被无情地抽掉了一截。

有一次做梦，梦到父亲两鬓斑白，他走在滂沱的大雨中，没有打伞，却神奇的没有雨滴落在身上。他远远地望着我，一如既往的面无表情。像是电影中惯常的拉镜头，一寸一寸，衬着雨滴罩起的白色雾气，父亲慢慢地要从我的眼界中消逝。梦中我被捆绑在原地，撕心裂肺地哭喊，我拼尽全力挣扎，努力伸出双手想要勾住他的衣角，像儿时他带我去商店买糖果的姿势，父亲的双眼涨满了雾气，与氤氲的雾团重合又清晰，最终消失不见。

他还是要老了，在混沌的，模糊的年月光线中老去，老得矮小，老得沉默，老得日渐让人心疼。

我们之间鲜有长时间的交谈，最近的一次谈话在几天前，他说："我在你奶奶家排老四，上面有父母得力的哥哥，下面有父母宠爱的弟弟，我在中间，就像一碗夹生饭，没人注意，于是我学会了沉默寡言，学会了在眼色中不让自己受委屈，所以我的感情慢慢变得淡薄，就算有再多的话想要表达，说出来的往往也只是只言片语，喜怒常挂脸上，更是难讨人喜欢。"

父亲十八岁的时候曾经一度感觉到绝望，村子里的老师说他可能会因为自己的家庭背景不能参加高考，那天他绕着村子跑了很久，除了蒸发身体的水分让自己不断地感知到自己的存在外，没有任何种方法能消除切肤之痛的窒息感，他不能去抱怨家庭也无法选择。后来他抽搐在家门口，听着屋内不安生的打闹与粗俗的交谈，那一晚父亲没有回家，他直接回到学校守着学校的大门过了一夜。在他百般的坚持下，村里的书记懒洋洋地给父亲开了家庭背景证明，父亲说那就像是救命稻草一样的重要，他紧握着唯一的希望，"从那次以后，我就知道了，我的命在我自己的手里。"

有一天我在上课，突然收到父亲的短信，"姑娘，我老了以后不用你照顾，我去敬老院住，带着你妈，省得到最后连你都会厌烦我。"23点45分，我收到了父亲这样一条奇怪的短信，电话打过去，却是母亲接的，电话那头她简短地说，父亲在饭桌上听到了一个老人与子女矛盾的事儿，心里不太舒服，现在喝多了，正在睡觉。

挂了电话，我躲在厕所小声地哭，我被父亲沉重无边却笨拙的感情磨破了。

只身一人在一个陌生的城市，为自己没有明确蓝图的未来努力打拼，看上去要千锤百炼才能做到金刚不坏，但是在那一个瞬间，兵荒马乱，弃甲丢城，我还是幼年的胖姑娘，自卑的，敏感的，弱小的，脆弱的，爱哭的，骄傲自满却一无所有的少年。

3

"我有很多话想要和你说！"

前两日的梦境里，大雨忽然将至，让人疲惫无依，我又看到了父亲直挺的后背，憋在喉咙的话冲口而出，却只是这样一句没有实质意义的字句。

雷鸣与电闪，整个世界就要被撕裂，却依旧还有日光倾城，而父亲站在日光泄露的交际线处，没有转过身，背影湿漉漉，一点点融化。

破旧的、易碎的世界中，他只给了我这样一个沉默的剪影，而世界末日给我的感觉，也不过如此吧。

似是晚来风

4

离开家里，独自在外求学，倒也过了很长的时间，像一部漫长又被升格的晦涩影片。

慢慢地开始习惯在穿梭陌生城市时收敛自己的面部表情，有时坐在温暖灯光的公交内，面孔映在肮脏的车窗上，有时是傻笑的，有时是嘴角向下的，有时是带着哭过的痕迹，更多的时候却是面无表情的，沉默的，一如父亲。而很多时候面对这样的自己，潜意识中开始把父亲的面孔与自己重叠，皮肤暗一些，眼睛小一些，嘴巴小一些，勾勒完了，也就心满意足，像是回了一次家，暖融融。

最近开始给父亲打电话，几乎到了每天一个的程度。而他总会抢占先机，先问我有没有在学习，有没有好好吃饭，接着就像枯干的河床，紧闭自己，听我有一搭没一搭地讲我的一天，琐碎繁杂，其中夹着大量的空白，彼此在电话两端沉默，父亲却从没打断我，哪怕他手头还有紧急要处理的事情，就算此时手机插进了一个电话，他也安静地让它们呼叫等待。我不知道为什么，有的时候，和母亲说再多话，流再多泪，心中的慰藉却敌不过与父亲之间的沉默。

像是回到了最原始的时代，我躲在真空状态下，安稳祥和。

其实，我和父亲一样，从高中就离开家一个人住校。独来独往，自恃清高的性格让我有了更多独处的时间，不愿意讲话，不愿意表达，声音在耳边好像是飞鸟，溜了一会儿就消失不见。班主任找过我的父母谈话，那天他们驱车几百公里，千里迢迢来看一个几近抑郁的孩子，把我从学校带出来后，我猛然瞥到母亲在一旁偷偷抹泪，父亲有意地在松弛脸上的肌肉，他在试图让我放轻松，试图找个好的话题带我出来。吃饭的时候，我低头吃菜，留意到对面的两个人没有动筷子，下意识地我缩了缩肩膀，顺从地把筷子放到一旁，靠在椅子上没有抬头。包间外面人声喧闹，尽管是阳光充沛的尚好六月，屋内的气氛却如同我梦里冷飕飕的黑暗，让我不安与战栗。

沉默的空隙中，不断地有菜被端了上来，一道又一道，都是我爱吃的。服务员说完"您的菜齐了"后，轻轻地关门出去，这时，在我左前方，一个干涩的、悲伤的、低沉的声音传来，"姑娘，是爸爸对不起你，你别把自己关起来好吗？"

我从没见过父亲这个样子，接近崩溃的边缘，带着哀求与绝望，这种冲击，好像小的时候，第一次因雷鸣声从睡梦中挣扎地清醒过来，以为被全世界抛弃。

这样的心情，就像毫无预兆被开了刀的痛苦。

我原来这么坏过。

5

不喜欢在雨天打伞，所以雨天在脑中的概念与湿透有关。

有过很多次不清晰的不记得，又有太多次清晰地记得。

烙印在胸口，日久难愈。

少年时加入了一个协会，在暑假有了去港澳采风的机会。临走前父亲要给我办全球通，我却因为麻烦而硬生生拒绝。

在香港的第三天晚上，夜雨，维多利亚港在光线下异常的梦幻。同屋的姑娘因为白日的劳累已经沉沉睡去，我轻轻起身走了出去。

因为下雨，港口有些空旷，雾气缭绕，像是人造烟雾，每一个路灯在夜雾的包裹下幻化成了温柔的茧，随着不远处起伏的山峦，温柔的静谧。

我找了一个椅子坐下，有好心人走上前想要为我打伞，我笑笑摆手说谢谢，不用了。

闭上眼睛后，耳朵里开始出现刺耳的长鸣，尖厉得让我伸出双手紧紧抱住了头部，慢慢安静下来，又好像有人在耳边轻轻地说着什么，缥缈的，令人绝望的。

第一次感受到父亲接近崩溃时的感受，四海潮生，波涛汹涌，万籁俱寂，却无人相拥。

得到的，失去的，离开的，又回来的。

眼泪与雨水混合，刺痛着我还稚嫩的皮肤，酸疼。

我想家了，想每一个下雨的夜晚，与父母一起躲避恐惧的自己。

所有的灯光被雨水洗刷得发白，泡在海港上，像是一艘艘归家的小舟。浓郁的树丛郁郁葱葱，雨滴敲打着，像是啜泣声。

6

我们时常离别，在形形色色的离别中，我们早已磨硬了心智，胸口那块柔软的地方被我们用情感遮掩，只是，很多时候我们都忘了，人的心，实则是一个很脆弱的东西，它的脆弱可能超过了你的想象。一个鸡蛋的破碎，一块玻璃的打碎，一个茶杯的摔碎，都比不过人心破碎的时间，"啪嗒"一声，在你耳边一秒而过的声音，却昭示着构成你生命中最重要的情感就此死亡，此后无论十年八载，无论死水一般地生活还是轰烈地死去，都再也不会找到。

只是永恒都在心中生长。

似是晚来风

7

　　大雨下，父亲走在前面，依旧直挺着背脊，脚步很快。雨水一条又一条飞过他的身体。

　　我从学校小跑回家，因为没有打伞，所以取下书包挡在头上。我还是一个胖姑娘，迈过一个又一个水洼，躲过每一辆汽车溅过来的废水，突然很想大声地唱歌。

　　"小小少年，没有烦恼……"

　　我用力奔跑，在穿过每一个街角的温暖路灯，跑向不远处停在原地，转过身微笑等我的父亲，用尽全力，跑回家。

　　夜雨中的世界，是模糊与悲伤的，也是安静与温暖的。

　　拉出一床干净的被，躺在没有开灯的房间，身边是简短交谈的父母，竟也发现了，躲藏在乌云后，一闪一闪，难以觅见的星子。

南方北方，某个远方

叶佳琪

1

在周心蓝絮絮叨叨了半个小时后，南方终于听不下去了，她说了那么多，无非在传递同一个意思——当初我救回来的，为什么不是妹妹呢。

"那真对不起，让您失望了！"她胡乱收拾了几本书，背着书包就摔门而去。

心里某个地方直生生地烧得她疼，但更多的还是心酸。

今天是她十五岁生日，其实也没有期待过什么，自从那场事故之后，她就再也没有过过生日。

只是回家后看见周心蓝烧了一桌好吃的，心里还是有

似是晚来风

点儿感动，毕竟这么多年了，她们母女两个相依为命却互不待见，但周心蓝还记得她生日，多少还是令人高兴的。

可惜是她自作多情了，这不是她一个人的生日，更是妹妹的生日，十五年前的夏天，有一对双胞胎姐妹花呱呱坠地，姐姐叫南方，妹妹叫北方，相差两分钟。

可是同样十三年后的夏天，妹妹和父亲，一齐离开了这个世界。

那是小学毕业的暑假，一家人按计划一起去附近城市的海边玩，那天周心蓝因为身体原因所以一直兴致不高，但还是不忍扫大家的兴，坐在沙滩的不远处给他们拍照。

海浪一点一点袭来的时候，周围的人几乎在一瞬间做鸟兽状散去。

南方正游得起劲儿，向父亲撒娇："哎呀爸爸你就在让我玩一会儿嘛，这个浪肯定打不过来的……"

父亲和北方快要走到岸上又折返回来，一面在水里艰难地前进一面用力地把她往前推，"现在正在涨潮，快点儿回去，听话！"

"就一下下，再让我在水里泡一下下嘛……"

那句话还没说完，南方就觉得眼前忽然天旋地转，然后有一股巨大的力把她往右前方推，由于风大浪急，她还没来得及反应过来，就只看见远方的周心蓝在远方拼命地朝他们跑过来，而自己却两眼一黑。

等到她醒过来的时候，就听到妈妈泣不成声地告诉她，她永远地失去了爸爸和妹妹了。

那是南方第一次看见周心蓝哭，从前周心蓝一直是笑眯眯的，喜欢温柔地站在一旁看爸爸逗她和妹妹。

后来南方经历了很多第一次，比如，第一次和周心蓝吵得不可开交，从前她的脾气是很好的，可是从那以后她变得尖锐爱抱怨，再比如，第一次当着南方的面后悔，为什么她救回来的不是妹妹。

南方摸了摸自己的脸，全是泪水，她用力地擦着脸，暗暗在心里骂自己："不争气的东西！有什么好哭的！"

反正再怎么伤心，周心蓝都不会理解。

2

南方想了想，最后还是来到了最好的朋友安琪家，她们从幼儿园就认识，在一起十几年了。

安琪拧了把毛巾给她擦擦脸，"怎么回事？"

南方接过毛巾，显然还没冷静下来，"这么多年来，我每回考试几乎都是第一名，大大小小的奖项也努力去争取，从来没有给她带来过什么负担，可是你说我做了这么多努力，为什么她就是看不到呢，总是惦记着妹妹，妹妹有那么好吗？"

"啧啧啧……我怎么觉得你在吃妹妹的醋？"安琪递了杯水给她。

"怎么可能！咦？这个水怎么这么酸？"南方咽了一口水，又忍不住吐了回来。

"啊？你不是最爱喝柠檬水吗？"安琪吃惊地望着南方，甚至不自觉地张大了嘴巴。

"哦……可能是好久没喝了，突然喝反而不习惯。"南方赶忙解释，又接着刚才的话题说道："你也知道，我和我妈那些事，她整天就念叨着妹妹妹妹的，可是妹妹终究不在了啊，我这个活着的人，她怎么不能多关心一下呢？"她的声音竟然不知不觉带了哭腔。

"这些话，你跟你妈妈说过吗？"安琪在南方身边坐了下来，抱着她说道。

"怎么有机会说，我们说不到三句就要吵架！"南方立刻炸了，"最后总会说一句话。"

"我知道，为什么救回来的不是妹妹。"安琪想安慰她，却不知说什么好，只好说道："我们早点儿睡吧，明天还要上课呢。"

那天晚上南方一夜未眠，她心里反复想着安琪说的话，或许应该把自己的真心话告诉周心蓝。

其实她也很想北方，虽然小时候她们总会为争抢一个坑具而不和，那时候北方总是会先哭，害得最后总是她被爸爸妈妈骂，说姐姐就应该让着妹妹。

都说小的永远是比较受宠的那个，这句话真不假。姐姐总是会被大人教导"姐姐比妹妹大，就应该学会谦让"。

可是他们好像都忘记了，她只是先出生两分钟而已。

第二天恰逢月考，南方整个人都昏昏乎乎的，自己也不知道填了些什么。

走出考场的时候原本的晴天忽然变得黑黑沉沉，乌云密布，六月的天气，总是飘忽不定，如同人的心情。

刻意等到全校的学生都差不多走完，门卫准备关大门的时候，她才不大情愿地走进细碎的雨里。

身边有很多来送伞的家长，她只是瞥了一眼就低下头，因为她知道，周心蓝不会来，这么多年，她从来没有给她送过伞。

她咬咬牙，把书包举在头顶上冲进大雨中，才跑了没多久，整个人就被一把红色的大伞盖住。

她蓦地抬起头，心头一颤，迅速低下头不敢看来人的脸。

周心蓝也没说话，只是将伞又往南方那一侧移了移，风雨从她身体另一侧打过来，伞被吹得有些摇摇晃晃，她整个人也有些重心不稳。

暴风雨中，南方再也忍不住，忽然用力抱住周心蓝，号啕大哭。

3

毫无意外地，那次月考，南方不但没有保住年级第一的宝座，反而掉出了年纪前三十。

班主任找她谈话，是意料之中，毕竟自己这次确实没考好，但是她却没料到，周心蓝会被叫来。

体育课的时候，安琪眼尖地看到周心蓝往高三办公室走去，她立刻跳起来拍拍南方，"你看你看，那是不是你妈妈？"

南方先是愣了一下，几秒后立即反应过来，那确实是周心蓝。

"不会吧……怎么还把家长叫来。"安琪有些担忧，"刚刚老班和你说了什么别的吗？"

南方脑子里已经乱成一团，她恍恍惚惚地说道："好像问了我为什么退步，是不是早恋什么的……可是拜托，谁跟我早恋啊？"

安琪捂着嘴巴笑了起来："算了吧你，是谁小时候光明正大亲男孩子的呀？"

南方的脸"刷"一下就红了，装作生气的样子甩开安琪的手，"那都多少年前的历史了，你怎么还记得？"

"哼，多少年我都记得呢。"安琪得意地扬扬眉，"我还记得你妹妹北方呢，说起来，你们俩长得真像啊。"

安琪的眼神忽然变得柔和，"唉，你妈妈伤心，也情有可原，你们实在太像了。"

南方沉默良久，低下头去，声音很轻，"其实我明白，我一直都没有怪过她。"

那节体育课要进行仰卧起坐测试，南方一次性做了六十多个，安琪目瞪口呆地对她竖起了大拇指，"天呀，南方你怎么可以做那么多……"

南方调皮地冲安琪吐了个舌头，安琪突然有些发愣，俏皮的南方一脸得意的笑容，不像平日那个安静斯文的南方，这让她竟产生种错觉，好像南方的身上有了北方的影子。

4

南方推开家门，闻到一阵香味的时候原本忐忑的心更加不安稳，她瞥了一眼厨房，周心蓝还在里面忙碌着。

南方本是打算直接进房间的，可是夕阳透过窗棂洒在周心蓝的头顶上，她年初才染过的头发不知何时又多了几根银丝，后背竟也有几分弯曲。

她的心忽然变得很沉重，想开口打破这尴尬，但"妈妈"就是卡在嗓子口怎么也出不来。

周心蓝感受到身后的人，扭过头看了她一眼，南方拼命想从她的表情中找出一丝不悦，可惜没有，周心蓝竟然对她露出个轻轻的笑容，"快去洗个手，吃饭了。"

"嗯……"南方斟酌许久，决定开门见山，"今天老班找你去，没说什么吗？"

"没什么，就说你的成绩不太稳定，让我注意你的情绪之类的。"周心蓝摇摇头。

一顿饭吃得南方心不在焉，周心蓝前所未有地不停地给她夹菜，这样突然的改变一时间她没有做好准备来适应，从那天的送伞到现在的夹菜，这些都完全背离了周心蓝一贯的风格。

百思不得其解过后，她终于放下筷子，"老班真的没说什么吗？你怎么突然给我送伞，还专门给我做晚饭？"

周心蓝在半空中的手臂一僵，也慢慢放下筷子，"送伞因为那天顺路，做饭是因为快中考了，改善伙食。"

南方一颗心，就像坐过山车一样，从最高处疾速坠落至最低点，心里的那个期待，原来只是空想，并没有从周心蓝嘴里说出来。

"因为中考？"南方露出一个嘲讽的笑，"那是不是我考砸了，我连吃饭的资格都没有了？"

周心蓝想说什么，却忍住了，尴尬地回道："先不说这些，好好吃饭最重要。"

南方并不想听到回答，因为她的表情已经表明一切了。她大概明白了周心蓝改变的原因，无非因为要中考了，当下最重要的事情就是一切都得为考试让路。

说到底，在他们心中，最重要的还是成绩。

"如果妹妹考倒数第一，你就不会有意见对吗？为什么从小到大，永远是北方可以做顽皮的不听话的那个来得到你们的宠爱，而我，即使多么听话安静也要一切让着她？"

她的眼泪夺眶而出。

这一次，南方没有夺门而出。她大概明白了什么叫作心如死灰，就是连一丁点儿的愤怒都没有了，只有失望，近乎绝望的失望。

她深吸口气，拿起筷子，夹了一块北方最喜欢的红烧排骨，像是自言自语："你们一直记得妹妹喜欢吃，其实，我也特别喜欢，可是，你从不会给我夹一块。"

眼泪不争气地滴在碗里，发出"滴答"一声。

她用手背用力地胡乱一抹，努力压抑住哽咽，夹了一片鱼肚子上的肉，"从小，鱼肚子上最嫩的这片，就是妹妹专属，你们都说，姐姐要让着妹妹，所以，最好的都是妹妹的。"

"每个人不能选择自己的出生，所以你们永远不知道，我有多后悔，早出来两分钟。"

周心蓝呆呆地坐在那里，看着女儿边吃边哭，边哭边吃，一言不发的她最后终于受不了，抓起钥匙就"砰"的一声关上门。

南方就知道，她和周心蓝永远无法好好沟通交流，到最后，一定会有一个人先走。

只是，这是这么多年来，第一次周心蓝先走。

5

周心蓝回来的时候很晚，她在南方的门外站了许久，轻轻敲了敲门，"南方，睡着了吗？"

其实是没有睡着的，但南方还是用力扯过被子盖住头，装作睡着了。

第二天她向学校递交了住宿申请，之前迟迟犹豫，是考虑到那样周心蓝就一个人在家了，但现在，她似乎有了更为充分的理由。

手续当天就办好了，南方第二天就可以住进宿舍。

行李是她自己解决的，专门挑了周心蓝上班的时间，以免见面尴尬。

接下来的考试，南方一路过关斩将，节节高升。

可是安琪却出师不利，一连着退了几十名。越是紧张，越是着急，就退的越是厉害。

"今天不留下来一起自习吗？"南方再次向她确认。

"嗯，今天不行，我妈妈来接我了，我得早点儿回去。"安琪抱歉地对她笑笑。

"那好吧，再见啦。"南方笑着对她挥手。

南方如果知道接下来的事情，一定会拖住安琪不让她走。

第二天，安琪没有来上学，短信没人回，电话也没有人接。南方跑去班主任，才得知昨晚一辆私家车撞上了安全防护栏，不幸中的万幸是，由于安全气囊，安琪和妈妈都保住了性命，但却受了重伤。

南方只觉五雷轰顶，拔腿就跑，班主任的声音在身后远远传来，"南方，你要去哪里？"

她要去哪里？她不知道，她只觉得自己要抓紧手中的线，她已经失去了爸爸和妹妹，她不能再失去安琪。

匆匆忙忙找到了安琪的病房，重症监护室里的安琪，安静得像一株植物，静静地躺在那里，身上打满了石膏。她已经清醒过来，睁着大大的眼睛，呆呆地望着天花板。

南方弯下身子，握住安琪的手，眼泪却先一步，滴在硬硬的石膏上。

安琪艰难地对她露出一个微笑，嘴巴不停地动着，像在说些什么，她凑近了耳朵，这才听清："刚刚手术的时候，我很害怕，那一刻突然想起来，我有个秘密还没告诉你。"

"你说。"南方将耳朵凑得更近了，她不想错过安琪的任何一句话任何一个字。

"其实，我知道的，你不是南方，你是北方。"安琪说完，还冲她牵强地吐了吐舌头。

时间在那一刻仿佛静止了，南方更像个重伤的人，一动不动地僵在那里，多年来的伪装此刻全部被击为粉末，粉碎得干干净净，一无所剩。

6

像是过了一个世纪之久，南方才缓过来，"你怎么知道的？"

"其实一开始我不是很确定，一直和你成为朋友是因为很想你姐姐，也渐渐习惯和你在一起，但是很多细节都可以让我感觉得出来，南方爱喝柠檬水，越酸越好，但你不爱，不过让我肯定的是上次，以南方的性格，怎么可能在小时候亲男孩子呢……"安琪话还没说完，南方就再也听不下去，冲出了病房。

这一刻好像有一双无形的大手，用力地撕扯着她的心，很疼很难受。

她浑浑噩噩地，来到了墓园，跟跄着找到了爸爸和妹妹的墓地。两个墓碑并排而立，上面是她最熟悉的两张照片，墓碑前放满了枯萎的鲜花和水果，那天周心蓝夺门而出，应该就是来了这里。

多年来，她一直逃避来这里，就在这个地方，此时此刻，她双手抱着墓碑，哭的像个泪人，"对不起，对不

起，对不起……"

这句对不起，她欠了好几年。

安琪说得对，她不是南方，她是那个任性淘气的妹妹。

其实，在那场意外中，当风浪即将向她袭来的那一刻，爸爸和姐姐，都不约而同地用最后的力气推开了她。

她睁开眼睛的时候，看见哀伤欲绝的妈妈，除却难过，更多的是恐惧。如果不是她贪玩不肯离去，爸爸和姐姐不会上岸了还返回来拉她，更不会为了救她丢失性命。

所以，她害怕，害怕妈妈会因此不要她，于是在护士问她名字时，她撒了个谎，说自己叫南方。

她是如此懦弱，时间越长，她就越没有勇气告诉周心蓝这个秘密，她只能处处模仿姐姐。

也因为愧疚，她下定决心永远以"南方"这个身份，替姐姐活下去。可是她这才发现，要成为南方，有多艰难，学习要比别人更勤奋，不可以无理取闹人来疯，要和姐姐曾经唯一的好朋友安琪交好。

学着成为南方，她才渐渐意识到，从前的自己有多可恶。

她仗着自己晚出生两分钟，夺走了多少原本可以属于南方的东西。因为她是小的，所以她的眼泪永远有效，爸爸妈妈的宠爱全在她身上，所有好东西永远是她先享受。

明明她是那个最应该受到惩罚的那个人，可是为什么最后，老天带走的，却是姐姐的生命？

这多不公平，她渐渐地终于活成了南方的样子，在这个过程中，她开始越来越讨厌从前的自己，特别是当周心蓝还在念叨的时候，她的愧疚感也越来越深。

什么时候睡着的，南方一点儿也不记得。

只知道自己醒来的时候，天空已经漆黑，还有零星几颗星星闪烁着，那些星星，像极了姐姐的眼睛。

周心蓝不知道是什么时候来的，她的眼角似乎又多了几道鱼尾纹，声音也苍老了几分，"回家吧，南方。"

像是看出了南方眼里的茫然，周心蓝笑了笑，有些心酸，"你们班主任给我打了电话，我去学校弄清楚后，去了安琪的病房找你，猜想你可能来这里了……"

南方整个人蜷缩成一团，将头深深地埋进臂弯里。

7

"对不起……妈妈，对不起……"

"其实我哭不是姐姐欺负我，是我想要先玩玩具……"

"其实爸爸的花瓶不是姐姐打碎的，是我。"

"其实偷吃了两块蛋糕的不是姐姐，是我。"

"……"

"我知道……"周心蓝忽然开了口，不等南方说完，

"我怀胎十月生下来的，怎么可能不清楚你们两个呢……我都知道的啊傻孩子……"

——其实我都是知道的，在你说着自己是南方的那一刻，我就是知道了啊。

——其实下雨天送伞并不是顺路，而是妈妈不知道该如何对你说出口的关心啊。

——其实做好吃的并不是为了考试，而是真的想让你吃顿好的啊。

——手心手背都是肉，妈妈又怎么会只爱一个呢？

"包饺子……"周心蓝突然拉住南方的手往回走。

"啊？……"南方有些迷惑，恍惚地抬起头看着周心蓝，看到她笑得温柔而温顺，如同小时候，什么都没有发生一样。

"那天，我们是说晚上回去包饺子的吧。"周心蓝轻轻地笑了，"饺子还没包呢。"

南方想起来，那天一家人在一起讨论晚上吃什么，最后决定一起包饺子，她爱吃韭菜猪肉馅的，姐姐爱吃香菇猪肉馅的。

"对，饺子还没包，妈妈你的饺子馅还没搅和呢。"她偷偷抹掉眼泪，故作轻松地说。

"对不起啊南方，这么多年，还没给你们煮一顿饺子。"她把南方紧紧抱在怀里，"对不起啊，我的孩子。"

"是妈妈不好，这么多年来，你没有错。"

其实当南方欺骗护士的那一天，周心蓝就知道她在撒谎，这么多年，没有拆穿这个真相，她不想破坏女儿心中表达愧疚的方式，就像她自己——对于真正离开的那个南方，她又何尝不是充满愧疚呢？

只是她忘了，这么多年一直在南方面前念念不忘北方，对活着的人是何其残忍。

这么多年来，她从未曾想到，曾经最不懂事的北方，会让自己活成南方的样子。

她变得懂事，不管自己怎样乱发脾气，她都不跟她记仇；她成绩没有那么好，就比别人加倍努力，去保住南方的一切。她以自己的方式去承受种种委屈，用自己的行动去向姐姐道歉。

"对不起对不起……"周心蓝一直反反复复在南方耳边重复着。在她思念北方的那么多个日日夜夜里，从来没有意识到，两个孩子，都是无辜的，都需要温柔地被呵护。

最后她们手挽着手一起回家，想很多年前一样，她们这么多年形成的距离，终于在此刻被彼此的真诚和血浓于水的亲情跨越。

"南方，你还活着，真好。"

"妈妈，我爱你。"

8

南方没有改掉自己的身份，周心蓝依旧喊她南方，只是再也不会提起北方这两个字。

那一年的中考，她依旧保持了年级第一的宝座，去了当地最好的那所高中。

在迎接新生的人潮中，她似乎看见了一个熟悉的背影。

那身影小小的瘦瘦的，但女孩的眼睛却依旧瞪得大大的，像个洋娃娃，南方急忙跑过去，拍了拍她的肩膀："安琪！"

两个人激动地大叫起来，高兴地拥抱在一起。

"南方，你那天干吗不等我说完！其实我还有句话没有告诉你呢，我很喜欢和你成为好朋友，南方。"

"哦，不对，是一直努力成为南方的北方。"

老林的谎言

左 海

1

一直想写写老林，可临近毕业，考试太忙，一拖就拖了大半年。

上一次和老林聊天，是因为正在看韩国的电视剧《匹诺曹》。我在电话里对老林说，你瞧瞧人家，得这个病多好，就跟测谎仪似的，你如此酷爱说谎的人，怎么没得这病呢。

老林哼哼唧唧："你就不能盼我点儿好，我说谎那还不都是因为爱你。"

我笑出了眼泪，"拉倒吧，你那打小养成的坏毛病可别往我身上扯。"

老林语气立刻变得无辜而忧伤，说："你怎么那么冷酷无情，讲话不留情面。"还怨声载道地质疑我对他的爱。

　　我在电话这头无奈地摇头叹气，大男人如此矫情，怪让人受不了的。不过这件事也怪不了他，要怪就怪琼瑶阿姨。

　　老林曾经看《情深深雨雨蒙蒙》看到哭这件事，我只要一想就不寒而栗。

2

　　我三岁那年，老林应酬完回到家，醉醺醺地替我换好衣服，让我出门和小伙伴玩。

　　可他们都笑我傻，衣服都不会穿。

　　我哭哭啼啼地回到家，拍醒躺在沙发上呼呼大睡的老林。

　　老林看了一眼我内裤外穿的时髦打扮，酒醒了一大半，震惊不已。当他意识到这是自己的杰作以后，又表现出一脸的波澜不惊，双手搭在我瘦削的肩膀上，语重心长地说："小弯，有些事是时候告诉你了，是关于你的身世之谜，其实你的身体里流淌着超人的血液，你将来会是拯救世界的大英雄。"

　　当时很傻很天真的我不仅相信了，还蹦跶到小伙伴面前，兴高采烈地向他们隆重宣布我的真实身份。智力尚未成熟的我们，对于此事深信不疑。从那一天起，我就成了孩子们的领头羊，谁都不敢再欺负我。

我妈晚上回到家，看到我奇葩的打扮，差点儿吓哭。她哆哆嗦嗦地凑过来，蹲下摸我脑门，以为我烧坏了脑子。老林早就躲进书房，把门反锁，任凭我妈如何声嘶力竭地咆哮，他都不出来。

夜里，老林被我妈训斥了半个钟头以后，偷偷溜进我的卧室，坐到我床边，温柔地抚摸我的小脑袋说："小弯，对不起，我撒了谎，其实你就是一个特别普通的熊孩子。"

转眼已过十几年，我依旧对此事耿耿于怀。对其他人来说，这无非是一件趣事。可对我来说，这简直就是我辉煌人生中一个巨大的污点。

哦，忘了说，我是个女孩子。

3

我小学三年级时，我妈正处于事业上升期，经常忙于出差，无暇照顾我。于是，比较闲的老林担负起了照顾我日常起居的重任。

头发渐渐长了，老林带我到理发店，对理发师眯眯眼说，帮她把头发修一修。我慢慢睡了过去，醒来以后，看到镜子里一头细碎短发的自己，吓得呜咽一声哭了起来。

我瘪嘴，用幽怨的眼神看着老林说："这是男孩子的发型，我不要，你给我弄回来。"

老林怔了一秒，随后又恢复一脸平静说："这就是你妈的要求，小小年纪成天研究穿什么裙子鞋子好看，给你把头发剪了，让你好好学习。"从我记事起，我就怕我妈，她杏眼圆睁的模样就像《白雪公主》里的皇后。既然是我妈的要求，那我也只能服从到底。

可谁知半个月后，我妈回到家，一把抓住我，仔仔细细看了个遍问道："咦，怎么回事？像个假小子呀！"听到这话，我一下没忍住，泪如泉涌。

老林遛弯儿回到家，见我和我妈目怒凶光地看着他，打了个寒战，站在门口连鞋都没敢脱。

那个时候流行一句话——你这人说谎都不打草稿的。我觉得这句话用在老林身上再合适不过了。

4

我初中三年学习成绩一直不错，中考以全市第三名的成绩考入第一高中，以成绩为标准，被分在一班。

那会儿觉得自己特别厉害，全市第三啊，也就是说打败我的就俩人，其余上千人都不值一提。可谁知，第一次月考，我的成绩仅仅排在班里的中间段，年级百名榜上根本没有我的名字。

那个时候才知道人外有人天外有天，我像泄气的皮球一样，滚了两步就停在了原地。我没心情听讲，作业也都是敷衍了事。甚至买一些小说来看，整天沉浸在四十五度的天空里，明媚地忧伤着。

有天回到家，老林从荷包里掏出两张票子，在我眼前乱晃，说是他好不容易从领导手里搞来的某某歌手的演唱会VIP门票，要是我期中考个年级前十就让我和我妈一起去看。

我从他手里夺过票子一看，果真是我最喜欢的歌手的演唱会门票。于是，我当即握拳起誓，绝对考个好成绩让他脸上有光。

接下来的一个多月，我一头扎进深深的学海，学习成绩突飞猛进，其进步速度和成果让小伙伴们都惊呆了。期中考试中，我超常发挥，不仅轻轻松松地进入了年级前十，还坐上了班级第一的光荣宝座。

可当我高高兴兴地回到家，把分数条拿给老林看了之后，他仅仅给了我一个熊抱，就坐回沙发上继续看《情深深雨蒙蒙》去了。不管我在他面前如何明示暗示，他都皱着眉头要我走开，怪我挡住了他的电视机。

我咆哮道："答应好的票子呢，快给我。"

老林瞟了我一眼说："什么票子。"

我委屈极了，说："你别装傻啊。"

老林嘿嘿笑着说："我没装啊，我是真的不知道有什么票子。"

原来，那两张票子是老林同事送给他儿子的生日礼物，他知道某某是我最喜欢的歌手，所以想用这个诱人的奖励刺激我把成绩提上去。他还说本来打算托同事再弄一张，可据说票已经卖光了。

知道真相的我，眼泪掉下来。

5

前面那些老林对我说的谎，说实话，我也没有特别生气。很多书上都说，男人是永远长不大的小孩，所以我没必要和他计较。

那些事情，回忆起来还带着甜味，让我觉得特别有趣，可以一笑了之。

可后来的那些事情，就让我不怎么笑得出来了。

高三那年，我正处在一个很迷茫的时期。繁重的高考复习让我疲惫不堪，来自四面八方的压力压得我喘不过气。我就像身处一片茫茫大海，没有灯塔的指引，也没有其他船只的搭救，只能漫无目的地游来游去，似乎永远靠不了岸。

就在我最茫然无措的时候，我遇到了那均。他的长相没有多出众，瘦瘦高高的，看起来很健康，笑起来眼睛弯弯的，让人觉得特别温暖舒服。

那均是复读生，前一年高考成绩不理想，所以回来重读高三，打算再考一次。

第一次见到他是在教室里。

那天是星期三下午每周唯一一节自由活动课。所有同学都到操场上去玩，只有我因为懒得动弹，撑着半边脑袋在教室里做一道很难的数学题。

那均就在那时走到教室里来，坐到我前面，看着我对着题目无从下手的样子浅浅地笑。然后，他从我手里拿过笔，轻轻松松地把题目详细解答给我看。他不着急，慢慢地讲，怕我听不懂，还时不时抛出一个冷幽默逗我笑。

从那以后，我们经常一起吃饭，坐校车回家，为的就是讨论讨论那些不懂的问题，把它们在最悠闲快乐的状态下轻松解决掉。我也终于从迷茫中走了出来，合理地分配好学习和休息的时间，为高考做准备。

不知老林什么时候得知了我和那均走得很近这件事，有天回到家，他拉我到客厅坐下，欲言又止的样子让我觉得特别奇怪。

我说："你有什么就说，我还要复习一下英语。"

老林说："听说你和那均走得挺近的。"

我说："你不要想太多，我们只是很好的朋友。"

老林说："你知道我为什么丢了以前那么好的一份工作吗，就是因为那均他爸。"

我说："不会吧，你又在骗我。"

老林说："不管你信不信，反正你最好和他保持距离，你也知道我丢了那份工作，现在和你妈妈为了你有多不容易。"

那晚，我给那均打电话，得知那均的爸爸的确是老林以前的同事，这才使我不得不相信老林的话。

第二天到了学校，我主动疏远了那均，虽然这和他没什么关系，但我看到他就会想到他爸，就会为老林鸣不平，这样相处下去根本不是办法。那均也觉察到了点儿什么，不再来打扰我，我们就这样变成了熟悉的陌生人。

高考过后，班里同学组织吃毕业大餐，没想到那均也在。我们俩坐在一块儿聊了很多，真有点儿一笑泯恩仇的意思。

我说，知道那个时候我为什么突然疏远你吗，因为你爸使坏让我家老林丢了工作，我讨厌你爸，所以不想看到你。现在想来挺幼稚的，很抱歉。

那均一脸茫然，说林小弯你在说什么，我怎么听不懂，我爸一直在国外啊。

我回到家质问老林，他才终于讲出真相。原来他怕我和那均在一起影响到我的学习，毕竟是最关键的高三，丝毫不能掉链子，他又得知那均爸爸的名字和他以前公司一个同事同名，所以就想了这一出。

我听完什么都没说，回到房间锁了门，蒙头在被子里

似是晚来风

哭了一宿。第二天一大早，我去了学校，把第一志愿填在了很远很远的北方。

6

人真的是一种很奇怪的动物。

我因为不想见到老林，到北方念书。那个时候心里还在想，我永远都不要原谅他。可到北方不过一个月，我就给他打电话，又不知道说什么，站在宿舍楼的阳台上，傻乎乎地哭了半个钟头。

接到老林电话的时候，我正为一份实习策划案忙得焦头烂额，一想到指导老师的唾沫星子就浑身打冷战。

我说："老林，我现在特别忙，咱长话短说，等我忙完这个就回去看你。"

电话那头没人出声，几秒钟以后，我妈的哭声传了过来。

我连假都没来得及请，连滚带爬地出了学校，又连滚带爬地上了的士、到机场买票回家。我赶到医院，站在病房门口，突然停了下来。我妈在电话里说老林被下了病危通知，我不信。我不敢推开那扇门，我怕我面对不了。

我深呼吸，调整了好几分钟，努力从嘴角挤出一个难看的笑脸推门进去。看到老林躺在病床上，浑身插满管子的时候，我还是没克制住，鼻子一酸眼泪就下来了。

老林看我涕泗横流的样子，一脸嫌弃说："打住，就跟你说不要哭，你哭起来实在是太丑了，一点儿都不随我。"

"拉倒吧，我妈说你年轻时候就不好看，看你没人要，可怜你才勉强嫁给你。"我一会儿哭一会儿笑，表情一定很难看。

"她乱讲，我年轻时候可多姑娘追了，要不是她哭哭啼啼说非我不嫁，我才……"

"好了好了，"我打断老林，"等你好了再慢慢讲给我听。"

"好，你一定要等我好起来，这事一定得说清楚。"

我笑了，"一言为定，这次再说谎，就要吞一千根针。"

老林瞪大眼珠子，"这么狠！"

7

老林会好起来的，他舍不得我妈，也舍不得我。两个貌美如花的女人还等着他来照顾呢，他怎么可能放得下。

更何况，他对我说了那么多谎，这账还没算清，他不能走。

其实，老林特别爱我。

我小时候肠胃不好，我妈严令禁止我吃冰激凌。老林却偷偷出门，买了一盒藏在肚子里带回来，拿出来的时候化了一半。

初中有一年冬天下大雪，老林怕我上课冷，直接抱了床被子来，说要是冷就裹上，千万别怕丢人。

青春期里我特别叛逆，看着那些成绩不好的都跑去考艺校，好几个月不用上课，到省城去玩。我也想试试看，说不定以后还能当大明星。我妈说什么都不肯，老林丢了张存折给我说："拿去报名，有梦想挺好的。"我在省城待了三天就灰不溜秋地跑回来了，老林幸灾乐祸地说："知难而退是好事啊。"

这么多年过来，在老林的庇护下，我健康安乐地成长。虽然他爱说谎，老是骗我，但我知道，这只是他用来爱我的一种特别的方式。我愿意一次一次地原谅他，也愿意一次一次地纵容他，谁叫他是我最爱的男人，我最爱的爸爸呢。

光 阴 入 味

梦不逢时忧心忡

万霁萱

你离开的这五年多，很少梦到你。

我热衷梦境，热衷与非现实的纠缠，混淆每一节点的记忆，打乱时间的排序，梦到潜意识不肯放手的心心念念，而这些大抵都是旧色的底片，多为自己渴望的再次拥有，是那些在月光下自体光鲜的意识。在梦中它们都会重生，打通白日拥挤的血脉，突突地穿过筋骨，把整个人在夜晚点燃。

你离开我们的那个花开草长的温暖三月，我在距家五个小时车程的高中复读，距离高考不足三个月，教室里的每一个人都在蓄势待发，磨刀霍霍。在那特别的几日，我没有缘由地心生疑虑。中午下了自习飞奔回五楼的宿舍，抢占珍贵的电话——那是我复读期间唯一的精神支柱，把电话给母亲打过去，响很久都没人接，就在我落寞地准备放弃时，父亲匆忙的语气穿透令人绝望的滴滴声，借口找得让我难以接受，他搪塞我母亲因为出差没有带手机。

那个晚上你入梦。在此之前，将近二十年的时间里，我的梦中从未出现过你。梦中是那座素净的院子，墨绿色的大门的后面依旧有一根木棍撑在插销处，进门的右手边是盛放的一大片郁郁葱葱的绿蔬，色调有次序地由浅入深。

每到周末，我们都会从钢筋水泥一头扎回到这座桃源。大人们忙着准备午饭，我们则喜欢在房间内穿梭，而你都会坐在东屋的竹藤椅上，坐东朝西，这样所有房间的情况你尽收眼底。像是被你监视，不能好好地偷吃与玩儿，我们都会装作自然地把搭在房间门上的帘子扯下来，这样就把你的视线阻断。每次的后果都是被你大声呵斥，我们再愤愤不平地重新把帘子撩起来。

我怕你也大抵是因为如此，在小孩子们中我是那个出鬼主意与捣蛋的，你主要是冷着脸批评我。表姐被你一手看大，性情温顺老实，表弟年龄小，跟在我们身后乱跑，我总爱穿梭在大人们的身边开玩笑，恰恰这些玩笑都是你不喜欢的新想法。所以在这些晚辈中，我能感受到你最不喜欢的就是我，所以我尽量躲避一切与你相处的机会，躲避你的对话，并尽可能地与你唱反调。

梦中的你清瘦，与我最后一次见你时的模样有万里的差别，像极了哈利·波特中的伏地魔，有着如出一辙的苍白与瘦削。梦醒后我反问自己，为何梦到的你是如此模样，像是受尽万苦，儿时对你的恐惧再次充斥着我的头脑，我不能强迫自己去面对这样的你，我怕自己会与你言和，因为那刻我突然很想你。

随后的两天内我持续重复着你的梦境，在梦中重复我们每周末聚在院子里的快乐。你精神矍铄，身轻如燕，吃很多你在平常根本就不能下咽的食物，谈论你根本不会涉及的话题。我们聚在东屋，周围的每个人都面孔模糊，像是蒙上一层薄雾，看不清表情却记得笑声，如此清晰，久违的笃定。记不得每个人的身份，只记得气氛欢腾，像是在庆祝。

再一次给母亲打电话，直接忽略掉她背景的嘈杂与疲惫的语气，急切地倾诉在学业上的压力，一笔带过我梦到你的事情，说完还嘲笑自己，我这么不喜欢你还能梦到你，真是奇怪。记得当时母亲听完没有再说话，鼓励了我两句后匆匆挂掉电话。

幼稚如我，竟还在负气埋怨母亲不够关心我。在她失去你的不到两天内，我提及的每一个与你有关的话题，都是在反复揭开她胸口薄薄的伤口，而她吞下难言，为了保证我复读时一心一意不被打扰，她最终选择沉默没有告诉我。而这份世间盛情的关爱，在当时的我眼中，却是她不关心我的种种不解。

高考结束的当天，外婆随父母到学校接我。在这所以监狱著称的学校，累积一年的苦痛让我看到最亲爱的人时瞬间爆发，我紧紧抱住外婆，止不住的眼泪与呜咽都是苦涩的，像是飘零了一年最终停靠的湾口。外婆也抱住我，开始不停地无声流泪，那时距你离开不足三个月。母亲见状阻止了我，揽过外婆的肩头劝慰。粗心如我，并未察觉这其中有何许端倪。

第一次知道你离开，是在高考后的盛夏夜晚。那段日子我沉溺在无法控制的负面情绪中，尚未从严酷的心理压力中挣脱，与父母的交流并不顺畅。那个晚上我躲在房间看时下流行的节目，母亲推门而入，开口的一句是：我想和你说件事儿，我没有可以叫爸爸的人了。

冷血如我，悖逆如我，心思留在节目上没有回神儿，心生敷衍之意。现在回想起当时，咬牙切齿地痛恨自己为何没能上前紧紧抱住母亲，而不是只把纸巾送到她颤抖的手中；为什么觉得世间所有的苦痛她都可以强大到自己消化，而不是也会有脆弱如孩童的时刻。那是她第二次在我面前哭啊，而我到底是何等的怪物才能如此铁石心肠。

那时的自己还在庆幸，终是不用再回到那个满是药物味道的房间看望你，心狠如我，绝情也如我。这世间唯一的称谓，我再也没有权利去发声，尽管有再多不情愿，但那个特定的亲昵称谓我不能再拥有，生命出现缺角，而我并未察觉，缺少了再想呼唤这个称谓时能有回应的人，哪怕是一个终日躺在床上忍受病痛煎熬的你。

你不在了啊。

由简单的回应"哦，不在了"，感知到生命不完整的悲伤"不在了"。

是一种精神的落空，我在怀念你。

大概死亡如同一张单行票，你先我们而去，饮过忘川水后，是否还会记得这个不招你喜欢的我。偶尔的梦变得敏感且珍贵，你是一个英俊正直的好人，来到这个世界，承担独立的磨砺，而记忆滞留在无数个如梦幻般的仲夏夜晚，你摇着扇子抬头和我们一起看头顶的飞机，看着闪亮的星月，满园是花开的香气。我咯咯地笑，讲着不着边际的故事，逗得姥姥开怀大笑，偷偷瞥到你也笑了，眉毛上挑。

一片蛙声入秋心，又是一场好梦无眠。

唱歌的人不许掉眼泪

夕里雪

"作为你的父亲，真是我的耻辱。"

"作为你的女儿，也是我的遗憾。"

这是离家出走之前，小柯与父亲最后的对话。彼时的小柯，仰着下巴固执地与父亲对视，脸上鲜明的掌印火辣辣地疼，一双带泪的眼睛却闪着不肯屈服的光。脚边散落着被砸碎的吉他残骸，父亲踏着琴弦上前，又欲扬起手，可那一巴掌停在空中半响，却始终没有落下来。

旁边的继母惴惴地哄着吓哭的妹妹，小柯轻轻地走上前，拉住小孩子软糯的小手对她说："你不能哭，你要坚强一点儿，他们对我已经绝望了，你可是他们唯一的希望。"

一字一句，唇齿间透出本不属于她这个年龄的凄凉，也不知是讽刺别人，还是嘲笑自己。说完了，拎起门口的书包，头也不回地跨出了大门。

她说，她始终都记得，那天艳阳高照，天气好得令人发指，证明电视剧里逢坏事必下雨都是骗人。北方城市的午后阳光照在脸上暖洋洋的，但心底却依旧是冰凉一片，如坠深渊，前路未知地伸向视野尽头，而她不敢回头看，因为已经失去了庇护的港湾。

那一年，她十六岁。

和我讲起这一段的时候，二十四岁的小柯坐在大理人民路上的酒吧里，认真地给她的吉他换弦。她的脸上还有轻微的擦伤，那是刚才和偷我钱包的小男孩儿鏖战的印记。我始终记得她挥舞着扫把追在小男孩儿身后狂奔的场景，那样的速度之下还能字正腔圆地大声呼喝，足以见得她肺活量惊人。

"小六，我就知道又是你！连女学生的钱包都偷，你还能不能学点儿好了？给我抓住了非打断你的腿……"

几个轻扫的和弦打断了我的思路，小柯斜睨着我，语重心长道："所以啊，多大点儿事，不要动不动就离家出走。出走，就是出来了，就再也回不去了。"她低不可闻地叹了一声，"走不回去了啊……"也许是觉得这样的感叹太过于凄凉，与自己的气质不符，她又仰起脸哼了一声，"再说，你又不是我，自己能养活得了自己，你看看你那细胳膊细腿的样，卖给对面的菜馆当服务员人家都不要！"

八年的风吹日晒凝成嘴角一抹满不在乎的笑。我看着她因为疏于保养而略显粗糙的脸，想着时光真的是会伤人的，一刀一刀雕刻出她顽冥不灵的棱角，一寸一寸磨平了她心底萌发的思念。

据说小柯的父亲是她家乡有名的富豪，跺一跺脚整个城市都要晃三晃。可惜金钱再多换不回人命，小柯八岁那年，妈妈因乳腺癌去世，断气的那一刻父亲还在外地出差。小柯握着妈妈的手，感觉到她的生命在一点点流逝，她说你不要走，不要丢下我一个人，瞪大的双眼流不出一滴泪，突然发现人在悲哀至极的时候，连泪水都是苦涩的。

葬礼上，一直一言不发的小柯在众人惊诧的目光中将手里捧着的妈妈遗照砸在了父亲脸上，父女二人从此结下了仇怨，成了冤家。

三年后父亲再娶，继母是一直照顾父亲的女助理。和童话里不一样，继母并不是个凶神恶煞的心机女，她温婉少言，对小柯也很好，甚至在生下妹妹时，第一个拉着小柯的手领她上前去看。

那时，新生儿香软的小手拉着小柯的食指就要吮吸，没有牙的嘟嘟嘴咧出一个笑容的模样。大夫说新生儿是没有视力的，可小柯却觉得妹妹一双黑亮的瞳仁，一直看到了她的心里去。她摸着妹妹的脸颊，在心里说：你能来到这个世界真的是太好了，你会让这个家重新变得正常。

可是天不遂人愿，偏偏却让她几天之后在育婴房门口听到父亲抱着宝宝轻声软语：爸爸对你姐姐是彻底绝望了，你可要好好长大，你是爸爸唯一的希望……

小柯躲在门口，房门的阴影挡住了她脸上的表情。她看着自己手中拎着的奶粉，回忆自己在超市母婴区追着别人问东问西的可笑模样，甩手将购物袋扔进了垃圾桶，从此再不愿看那孩子一眼。

如果没有之后八年的千万里路铺垫在脚下，这将是一个多么烂俗的伦理故事。可惜同样的悲剧千百次地轮番上演，故事主角心中的痛，永远是脚本写不出的冷暖自知。

我想着她对我说，八年时间，她走遍了中国。搭过顺风车，睡过火车站，为了一千块的演出费给乐队充当过临时伴奏，也为了一天两顿饱饭做过饭店服务员。

也不是没有过绝望的时候。在昆明火车站，她揣着身上最后的十块钱想去买两个烤洋芋，刚走到小摊前，口袋却空了。她吃惊地回头，只来得及看着几个小孩匆忙地跑远。

那一刻，不知道是不是供血不足脑袋抽筋，她说她忽然想起自己以前看过的许多言情小说来。

故事里，有钱人家的孩子离家出走，都是开着跑车，揣着没有限额的信用卡，一脚油门开到天涯海角，谈着恋爱耍着帅，吃着火锅唱着歌。可她呢，为了两个吃不到嘴的黑乎乎的烤洋芋，在人来人往的火车站捶胸顿足。艺术可以为悲剧描摹美丽的边框，可现实，却只有丑陋的轮廓。

最后，沿着滇西北的公路，她走到了大理。古城的蒙蒙细雨洗去了她周身的风尘，她想，不走了，就是这里了。于是兵枪入库住进古城，白天做客栈掌柜，晚上在人民路酒吧唱歌，前尘过往不怨不念不想不提，安身立命，此去经年。

她喜欢唱许巍，唱那颗在悠远的天空自由奔跑的心灵。她留在这座边城，抱着吉他迎来送往，看一年年的下关花开了又落，看一拨拨的旅人来了又走，多少相见甚欢的同龄人最后挥手向她告别：嗨，小柯，我要回家了。她抱着吉他漫不经心地点头，手指轻轻扫出几个和弦，不让别人窥视她眼底的阴霾。

有人说大理是一座适合疗伤的城市，外表静谧的大理城其实也不知藏纳了多少人的伤痛。几年下来，小柯见了太多人间冷暖。她看见过被偷了钱包的学生在石级上骂街，看过被抛弃的女孩抱着酒杯烂醉如泥，看过吸毒的年轻人一边呕吐一边号啕大哭，也看过沉静的中年人听着吉他一言不发地流泪。

她喜欢和他们喝一杯酒，说：嘿，回家吧，回家不就没事了？

于是他们都回了家，而小柯，走了千万里路的小柯，却再也记不起回家的方向。

八年里，其实她也不是一次都没回过家的。那年走西北大环线的时候，同行的一个队友在进入雪山后突然有了严重的高原反应——呼吸急促，嘴唇发紫，他们轮流背着她向山脚冲刺，却依旧没有抢过死神的步伐。

父母来认尸的时候，几经世事的中年人哭得令旁者动容，小柯看着那一对老泪纵横的身影，突然就很想回家。她身上钱不多，没法买机票，倒了三班车坐了几十个小时的硬座回到了熟悉的城市，七月的故乡花香馥郁，午后的阳光照得人心里暖暖的。

她站在家门口不远的地方，近乡情怯，不知道该如何迈出第一步。遥遥地看着一对夫妻牵着孩子走近，女孩仰起脸对父亲说着什么，看表情应该是学校的趣事，父亲弯腰附耳听着，被逗得哈哈大笑，一张再熟悉不过的脸上，是小柯从未见过的慈眉善目。

耳边蓦地响起父亲曾对妹妹说的话：我对你姐姐已经彻底绝望了，你是我唯一的希望。

心底突然翻江倒海起来，所有的委屈不甘排山倒海地涌上心头，在那一家和睦融融的背影中，小柯落荒而逃。

从此，回家的话，再也没有提起过。

直到三年后，她遇到了我——因为男友而被爸妈拿扫帚扫地出门的我。在大理的日子里，我每天跟在她屁股后面问：小柯，你想不想回家想不想回家？她总是抓起手边所有能够到的东西打我，有时候是抹布，有时候是橘子，有一次没注意拎起一个啤酒瓶就往我脑袋上招呼，酒瓶擦着我的头皮在地上砸出一声脆响，她自己先吓傻了，怔了半天，突然蹲在地上，"哇"的一声哭了出来。

我心有余悸地摸着后脑勺，看着眼前这个貌似无坚不摧的姑娘，在大理初春的细雨中，哭得像个丢了玩具的孩子。

那一晚我坐在酒吧里听小柯唱歌，她在唱许巍的《故乡》，明明是空灵清脆的女声，却唱出了几分沧桑的味道。台下有人鼓掌，小柯笑笑，掩去了眼角的泪光。

这是什么地方，依然是如此的荒凉；那无尽的旅程如此漫长……

我隔着几桌人遥遥地向她举杯，嘿，小柯，回家吧。

2015年是农历乙未羊年，小柯的本命年。梅里雪山在藏历中属相水羊，刚好也是她的本命年。边城宗教信仰笃深，小柯耳濡目染，也相信本命年去梅里雪山转山是求得福报的好机会，于是清明刚过，就兴冲冲地收拾起行囊。

我坐在旁边一边咬饵块一边追着她写生死状，毕竟梅里不同于玉龙雪山，地理环境艰险得多，纵然是小柯这种身经百战的也不敢掉以轻心，我要她留下家属联系方式，她把在古城最好的朋友的手机号给了我，我说不行，必须是直系亲属，你断胳膊断腿能给你喂饭、死了能给你收尸的那种。

小柯骂我事儿妈，不情不愿地从手机里翻出父亲的电话号填上，背起登山包转身就走。走了几步，又回头，对我不愠不火地一笑，"我要真挂了，你打这个电话还真就未必有人来给我收尸。"

然后，习惯性地不告别，头也不回地走了。

我追到门口看她的背影，眼前一闪而过的，却是八年前头也不回的那个小女孩。

七天之后小柯被担架抬回来的时候，全身上下唯一没有冻伤的只剩一张嘴。她恶狠狠地瞪着我，"你不是事儿妈，你是乌鸦嘴。你现在最好离我远一点儿，不然我用牙齿也咬死你。"

小柯所在的队伍遇上了雪崩，虽然人员没有伤亡，但是同行的两个队友弄丢了补给，其中一个的背包里恰恰有火源。为了找回行李，小柯在雪地迷了路，被营救队发现的时候半个人埋在雪地里，呼吸都微不可闻。

可是转瞬，还罩着氧气的她就凶神恶煞地向我露出了虎牙。

我说："你果然是命大，老天都不愿意收你，幸好这世上还有人能治住你，不然你恐怕要无法无天了。"

说罢，把站在病房外面的小柯爸爸请了进来。

我永生难忘小柯那一瞬间的眼神——先是短暂的空白，然后变成了一种连手脚都不知道该放在哪里的惊慌失措，可是看到父亲冷冰冰的眼神与和从前无二的鄙夷神色后，所有的情绪刹那消失不见，她斜斜地眯起眼睛，几乎是用一种饶有趣味的眼神打量着自己的父亲。

小柯爸爸的脚步停在病床两步开外，习惯性居高临下地俯视着小柯，"我还以为，我是来收尸的。"

小柯打了个极其漫不经心的哈欠，"那可让您失望了哈……"一句话没说完，一巴掌横空拍在脑门上，她被打得脖子一缩，还没反应过来发生了什么，一个高大的身影突然扑在了病床上，两只胳膊不由分说地把她抱在了怀里。小柯爸爸，那个纵横商界的地产大亨，那个严厉自负的父亲，此刻哭得鼻涕一把泪一把，和千万普普通通的父亲别无二致。他边哭边喊："你怎么还不回家，你怎么不死在外面，你死在外面就好了，老子再也不用替你担惊受怕了……"

小柯冷了一下，目光在那一瞬间变得很柔软，晶莹的泪光慢慢从眼角溢出，濡湿了整个眼眶，她像哄孩子一样拍着父亲抽搐的脊背，轻声细语地安慰："喂，你不能这么不厚道，我还没死呢，就是脚趾冻伤了而已啊……"

多神奇，八年前的分离，他羞于做父亲，而她耻于做孩子；八年后的重逢，她长大成人，而他变成了孩子。被时光刺痛的伤疤，终于要靠时光来愈合。

我想起在电话里对小柯爸爸说的话：她走了那么远的路，兜兜转转，却不是为了逃离，而是心心念念地想要回去。八年前她不是一个好女儿，您也一样不是一个好父亲，人这一辈子能有几个八年呢？你们已经错过了八年，再错过这一次，谁知道是不是再没有见面的机会？毕竟小柯现在人还在梅里，您可能是来重逢，也可能是来收尸。

其实那时候小柯平安的消息已经传抵大理，可是我还是在电话里把"收尸"两个字说得字正腔圆。小柯出发的几天里，我每天都恭恭敬敬地给佛祖上一炷香，祈祷让小柯受点儿小灾小难，好让我打出这个电话，现在果然佛祖显灵，我觉得很功德圆满。

只是在我打出这个电话六个小时之后，小柯爸爸已经站在了我面前，这速度倒是在我的预料之外。他站在我旁边接电话，话筒里传出妻子的声音："让她回家，一定要让她回家！你再敢打她骂她，就让雪山把你也埋了吧！"

小柯爸爸被骂的耳朵根子发红，我站在旁边忍着笑，迫不及待地等着运送小柯的车子回来，好抓住她的肩膀，在她的耳边大喊："嘿，小柯，回家吧！回家吧！回家吧！"

小柯回家之前，她爸出钱在酒吧给她办了一次小型派对，我们吃着肉串喝着酒，听她在大理的最后一次"告别演出"。那天，她唱的最后一首歌，是许巍的《方向》。

我曾是孤单的飞鸟／飘荡在远方的天空／如今我已飞得太久／才知道你就是春天／我用力地挥动翅膀／开始寻找家的方向……

我看见小柯爸爸不动声色地用手指擦了一下眼角；而这一次，被拥簇在人群中间唱歌的人，终于没有掉眼泪。

孤独的人都应该吃饱

依然那么瘦

我出生在鲁东南，距离省会济南三百公里不到。

元旦放假回家，我妈炒着我最爱吃的毛栗子，感慨道："你要是在县城上班就好了，休息的时候就可以回来拿点儿吃的了。"

炒熟的栗子炸开壳发出"啪"的声音，清脆有力道，妈妈将炸开的栗子拣出来，弯腰继续翻炒剩下的。灶膛内的柴火烧得旺盛，借着火光能够依稀看到妈妈头发里冒出来的白头发，大概是被柴火给呛到了，我的眼泪一下子就忍不住了。

妈妈爸爸都不是擅长直接表达爱意的人，二十几年来，我们彼此之间从来没有开口说过"我爱你"或者去拥抱对方，任何的一种直接热烈表达爱的方式，不管是对于主动方或者是接受方来说，在我们这样传统的家庭里都是羞于接受的。好在还有食物。好像对于大多数的父母来说，食物是最重要的表达爱的方式。

中学是在寄宿学校，一周回去一次，周五的中午就能接到妈妈的电话，询问回家想吃什么。后来工作，跑到更远的城市，回家的频率也越来越少，于是每逢我回家的日子便成了妈妈的头等大事。朋友家里送来的小河虾，春天在爷爷院子里的香椿树上采摘的嫩芽，爸爸挂在楼顶晒的风干鸡，夏天晚上在树林里逮的知了以及妈妈自己调拌的杏仁……恨不得将冰箱检查三遍，生怕落下哪一样。

其实她也知道啊，这些平凡普通的东西，城市里随随便便一个餐馆就可以吃到，可是她却始终执拗地认为，这些食材，只有经过她的手最能变成最美味的食物。

我从小就挑食，不喜欢的食物一口都不吃。

刚上初中那会儿，还没有在镇上的中学转到县城去，乡镇中学食堂的饭菜单一并且总是缺油少盐，让人始终产生不了什么食欲。我只是在电话里无疑抱怨了一句学校的饭难吃，于是第二天，妈妈骑着自行车走了二十多里地用包袱包裹着保温桶给我送来了热乎乎的排骨。年少的时候，总是把这种付出当成一件理所当然的事情，直到现在想起来，才会盈润眼眶。随着年龄的增长，味蕾也在发生改变。就像是我现在已经不那么爱吃糖炒栗子了，可是每次回家她都给我炒上一锅，临行的时候，再炒上一锅让我带走。

舅舅有一大片的栗子树，每年秋天都会送来一些，小时候还没有冰箱，妈妈就把栗子放到阴凉处用沙子埋上，这样可以储存很久。对于炒栗子，妈妈也自有一套她自己的方法。

将栗子清洗干净后，放到案板上用刀在栗子上切开一个豁口，这样更便于栗子炸开。然后将栗子用开水焯一下，再次清洗过后才开始放到水里煮。水开后，放冰糖进去煮二十分钟，这中间妈妈总是会守着锅，不停地搅动，等到锅里的水变得黏稠的时候才开始盛出来，加入花生油开始翻炒。小时候最喜欢这样的时刻，起香了的栗子飘在整条胡同里，立刻把我从巷子口召唤回家，玩得满手都是泥，来不及洗手剥开一个栗子就放进嘴里，烫得不停哈气，妈妈则佯装生气地说："慢点儿吃，又没人跟你抢。"

从小就猴急，这是外公对我的评价。

外公年轻的时候在林场上班，没法经常回家，一帮同事在山里逮鸡捉兔子自娱娱乐，胜利品就拿给外公烹饪。外公一生见多识广，七十岁还带着一帮退休老同事坐火车去省里上访，自然就积累了颇多的人生经验。小时候，我们隔三岔五就在姥姥家聚餐，吃完饭外公就把我们一群小孩叫到跟前"上政治课"，乡下星空格外明亮，月亮如同一束光打在院子里，那时候我还小，听不懂外公讲的那些道理，只是觉得表哥们和外公争辩的样子特别有趣。小时候总觉得外公无所不能，不仅给我好多的零花钱，还会做木工，会编儿歌，会讲各种各样有趣的故事，最重要的是，外公会做独一无二的三鲜汤。

小时候每次去外公家，第一件事情就是要他给我做一碗三鲜汤。

即使再忙，外公也会停下手里的事情。找一个碗，碗里磕上一个鸡蛋，用筷子把鸡蛋打碎，把滚烫的热开水倒进碗里将鸡蛋冲开，放下虾米……很抱歉，我已经很久没有喝过外公的三鲜汤了，所以剩下的步骤我都不记得了，又或者是那时候小，只是急于早点儿喝上，而根本没有留意外公去做的这个过程。

只记得，外公做好端到桌子上，我拿一块煎饼泡进汤里，瞬间就觉得整个世界都迷幻了。外公总是卷一袋旱烟，笑眯眯地看着我吃，自己却不肯吃一口。因为他觉得这是特别给我做的，他会看着我慢慢吃完，然后什么都不说。舅舅们总是开玩笑说，我们家里只有我能享受这个待遇。每当想起外公的三鲜汤时，总是会想起外公看自己的眼神，那种全心全意的喜欢，或者就像老话说的，放到眼睛里面也不会觉得疼。这种厚重无条件的爱，是我长大后才慢慢体会到的。就像是每次怀念外公的三鲜汤时，总是想起那些坐在星空下的夜晚他讲给我们的那些人生道理，那些小时候听起来晦涩难懂的道理在我们后来各自的人生中，如同当时皎洁的月亮撒在我们回家的泥泞小路上一样，明亮悠长。

外公把他一生的哲学都磨碎了洒进了这汤里，躲在了味蕾里，经过岁月的发酵后形成经久口味的芳馥。

躲藏在味蕾力里的爱大概是一生都难忘的，可是又是最容易被忽略的。

前男友是一个笨拙的人，生活里从来不会制造惊喜，情人节更是不可能收到玫瑰花和巧克力这些看起来烂俗却着实能满足女生虚荣心的东西。印象里，几乎每次对话和见面都与吃有关，在一起的一年，几乎吃遍了整个城市好吃的馆子，甚至每天中午跨越半个城来给我送午饭。但当时，我并不是一个能够低下头来沉醉于一蔬一饭中的姑娘，相比能把胃填饱的西兰花，我更爱放上一夜就会枯萎的玫瑰花。

分手那天，他约我去吃饭，点了一桌子我爱吃的东西，但那时候我迫不及待地想要冲进五光十色的浮夸世界，放下归还给他的东西，毫无留恋地转身就离开了。

但那时候我不知道，这段看起来波澜不兴有些乏味的时光，是我往后的时光中苦苦找寻，却再也寻觅不到的。每当怀念的时候，也就只能咂咂舌头，试图挤出藏在味蕾里的最后那点儿味道。

如今，身在异乡的我啊，多想一个人的晚餐也能吃饱。

曾有鸟儿为吃货唱歌

月下婵娟

　　她姓吴，有一个很美丽的名字，吴友英。因为爷爷在本村辈分太高的缘故，后生晚辈大多要尊称她一声"太太"，这在那个交通闭塞的古老村落里，是比"奶奶"还要先一辈的尊称。她是我的奶奶，二十年前，一个扎着两根羊角小辫，背着书包，正在上育红班的六岁小女孩的亲人。

　　我以为全天下所有的奶奶都应该长着她的那副模样，和蔼慈祥的老人，看见人时总是会笑得眯缝起来的眼睛，满是皱纹的脸像一朵九月后的菊花，穿着斜襟的棉布袄，系在腰间的围裙永远干净，无论何时扑到她的怀里，上面永远有温暖烟火的气息。——的确是如此的，她是我行走着的厨房，她的口袋里，永远都藏着我垂涎欲滴的东西。

　　那时还没有"吃货"这一个名词，"小好吃佬"是她给我起的充满了无限温柔宠爱的名字。我关于她的所有记忆，都是伴随着八十年代那个贫瘠乡村乏善可陈的美食留下的深刻记忆。

过年的印象是她在厨房里进进出出忙碌的身影。杀好的年猪被分解成一刀刀长条的猪肉，她搬了久已不用的大木盆出来，收拾干净，将肉一块块装在盆子里。又在鲜肉上抹上雪白的精盐，还有自己在园子里种的朝天椒，朝天椒小巧玲珑，晒干后失去了如打蜡般的光泽，仍然烈性不改，呛得我在奶奶旁边打了好几个喷嚏。小颗的花椒也被奶奶揉在肥白的猪油与赤红的瘦肉上，我咂着嘴巴畅想它们在奶奶的油锅里会爆出的那一股酥麻，舌尖上自然而起的馋涎一滴又一滴。

自然是要挂几条腊鱼的，一尺多长的草鱼刨了鳞，内脏被拿出来，肥胖的花猫和我一同蹲在奶奶的身旁，它喵喵地觊觎着那条鱼的内脏，我关心的是草鱼肥大充气的鱼鳔。穿着奶奶做的灯芯绒棉靴迫不及待地一脚踩上去，鱼鳔"啪"的一声，比除夕夜里隔壁小子放的鞭炮还要响亮。被吓坏了的懵懂的花猫嘴里叼着鱼肠子，一个劲儿地往院子外飞跑，满手鱼鳞的奶奶在身后追着喊："回来回来，我烧好了再给你吃……"

灰喜鹊立在墙头上，它们成双成对，有时候简直是一群，它们都知道奶奶昨天在王大伯家里打了豆腐。切成一个个小方块的豆腐晾在竹席上，我抓了竹竿跑过去，那是我的豆腐，晒好了之后奶奶会拌上豆豉，一块块地码在坛子里，用不了多久，我就能够吃到腐好的豆腐。我对着它们喊："要偷吃，你们想都别想！"

傍晚时分我和村里的小伙伴们不知道跑到哪里野上一阵，回来时满屋子的肉香，猪头骨炖在大砂锅里，炉子里舔出蓝色的火苗，我慌里慌张地揭开盖子，乳白色的汤水夹着黄色的姜片一起沉浮，咕嘟咕嘟冒着惹人爱的水泡。

奶奶抢步过来，大声地提醒我小心烫手。我丢了锅盖在桌子上，烫红的手早就被她捧过去，拉在眼前看。她捧着我的手细细地吹气，嘴里疼爱地骂："一刻不能安静的假小子，好吃佬。"看着我笑嘻嘻的并没有烫成怎样，一转身又去为我舀骨头汤。

炖了大半日的猪头骨，肉和骨头早已分离，喝一口进去，散落于浓汤中的肉块温柔地抵挡着我六岁的缺了门牙的牙齿。我吸溜一下被晚风冻出来的鼻涕，奶奶执了火钳在灶台前问我："好不好吃？"

当然好吃了。从我有记忆的日子开始起，再没有哪一道人间菜蔬，可以比过她烹调的美味。

炉火舔红她笑成一朵菊花的脸，她添一根柴火进去，饭锅里冒出米饭平凡温馨的香气。我不必回头也知道屋外残阳落尽，村落里炊烟四起，我寒假里的又一个幸福冬日已经过去。

那时各家各户都开始打糍粑，她也早早地就备好糯米，洗净了泡在井水里，然后上蒸笼里蒸。蒸好的糯米饭雪白疏松，她是不肯给我多吃的，她说不好消化。我挑一勺白糖拌在糯米饭里，一边吃一边看她在"对窝子"里捣糍粑。糯米饭蒸腾的热气熏上她慈祥微笑的脸，她将那些雪白柔软又弹性不屈的糯米饭捣成莹洁香软的一团，费好半天工夫，又在铺好的案板上将糯米饭揉成我最终看见的糍粑的模样。六岁的我总是趁她不注意，伸出小小的指头在一团团余温犹在的糍粑上戳出一个个洞。

我知道，不几日后的早餐她一定会为我煎糍粑，雪白的糍粑用菜油煎软，然后扣在盘子里，放在锅里隔水蒸着，等我起床，她撒在上面的白砂糖已经随着蒸汽化入绵软的糍粑中。用筷子挑起一片，事实上是你甭想只挑起一片，它们片片粘在一起，像甘甜的云朵，在你的口齿里温柔缠绵，是我一生难忘的美味。

我小的时候是没有什么零食的，现在超市和商场里随处可见的糕饼，那时候都来源于奶奶的心灵手巧。她为我炒炒米，那神奇的炒米，抓上一小把，拌一勺白玉般的猪油，放一点儿老红糖，再加上一碗滚烫的白开水就成了极致的美味，简直让我惊奇。她还为我炒腊锅，不外乎是自己种的蚕豆和花生。包了蓝布头巾的小老太太，挥着一把大锅铲，在"噼啪"作响的灶台前做出她的小孙女一个冬天乃至半年的小零嘴。

最可喜的是她为我打饼子，本家乃至相邻的村人，围坐在一起，炒酥油的炒酥油，擀面皮的擀面皮，我这样的，还有大些的堂哥堂姐，出巢的燕子般围着她叽叽喳喳、吵吵闹闹。明明包不好一块饼子里的糖和酥油，偏偏要自告奋勇地去做，等大伯揭开了热腾腾的一锅饼子，没有包好的砂糖化作糖汁流了满锅。大伯总是皱了眉头呵斥我们胡闹，她把我们护在身后，眉开眼笑地看着我们自得其乐。

"小饼如嚼月，中有酥与饴。"现今过年我的老家早已不在兴师动众地打饼子，但我付钱在超市里选购的一提一提包装精美的酥饼，却再也尝不出童年在她身边那种香甜快乐的味道。

后来渐渐长大的我已经不在嗜好甜食，小时候那么渴望的老红糖和白砂糖也几乎被我彻底遗忘，而唯有她曾精心为我熬制的麦芽糖，这么多年里一直萦绕在我梦里那个飘着蜡梅香的村庄。

现今我已不能再复述出一个六岁的孩子看见麦芽和糯米掺杂在一起就能够神奇地熬出蜜糖来的那种震惊，奶奶在大铁锅里搅动锅铲，缓缓浓稠的液体，散发着美妙的甘甜的气息。那黄亮清澈又浓郁的蜜汁啊，我伸出舌头轻轻舔上一口，是我毕生都难忘的幸福滋味。奶奶叫它"糖稀子"，那凝固在锅铲上的糖稀子，甜蜜非凡又坚固非凡，我为了啃动它，付出了一颗又一颗摇摇欲坠的门牙。奶奶笑花了她慈祥的眼睛，她说："小好吃佬，那是熬焦了的糖稀子，你怎么啃得动哟……"

多年以后我知道了那是熬制一锅麦芽糖的复杂过程，我也曾巴巴地跑过好几条街道去买一家店铺的正宗麦芽糖，乳白微黄的糖块在我的唇齿间粘粘连连，那分明是手工的麦芽糖，却再也不是一个古老村庄里朴素妇人端给我的一碗糖稀子。她再也不能看见她的小孙女在繁华街头想念那一碗甘甜如蜜，她再也不能知道，她的小孙女如此地渴望她，回忆她。

晒好了腊肉，风干了腊鱼和香肠，豆腐装进了腌菜坛子，打好的糍粑要切成块装进泡了水的缸里，用红纸封好的酥饼一筒筒码在柜子里，一切都万事俱备的时候，就只等着过新年。

二十九的早上奶奶在砂石上"嚯嚯"地磨刀，院子里两只不再下蛋的老母鸡自然是单纯得一无所知，它们欢快地啄着奶奶撒下的菜叶子，在旁边走来走去。爷爷用网兜将它们罩住的时候，简直是鸡飞狗跳。我是不敢看杀鸡的，捂着眼睛躲在门后边，听到爷爷扭头喊："拿一个大碗"。忙扑扑地跑去厨房里面，拿出碗来递给爷爷，被捉住翅膀的老母鸡蹬着肥胖的小短腿拼命挣扎，奈何大势已去，鲜红的鸡血流了满满一碗。

奶奶的灶台上烧着开水，"咕嘟咕嘟"的冒着泡，烫好了老母鸡的爷爷开始拔鸡毛，我突然有些失望，隔壁家的小兰前天还拿着她奶奶用铜钱和公鸡毛给她做的鸡毛毽子，别提有多漂亮和神气。

正忙着准备卤锅的奶奶瞧我一眼，剁下来几根黄亮的鸡腿。八角，花椒，桂皮，生姜……还有许多我叫不出名字来的神奇中药，我知道等我疯跑一阵回来，保证这一屋子都是让我垂涎欲滴的卤菜香。奶奶说："别绷着个脸啦，大公鸡要留着打鸣呢，明年你要上学了，谁叫你起床。"

我没有得到一个鸡毛毽子的郁郁寡欢最后被一个超大的、油亮的、金黄的、喷香的鸡腿给治愈了，彼年六岁的我发誓这世上再没有比卤鸡腿更好吃的东西。也是后来，我知道这世界上其实有许多比卤鸡腿更好的东西，但真的，请相信我，它们或许身价百倍或许山珍海味，但它们比不过奶奶给我卤的鸡腿。

真的过年了，团团圆圆的桌子上摆满了我平常梦寐以求的东西。热腾腾的蟠龙菜，傲视群雄的粉蒸肉，蒸好的莲藕在村子里被叫作"压桌"，鳊鱼矜贵地卧在红辣椒和青蒜苗中……奶奶是应该坐在上席的，在一大帮她燕子般拥挤热闹的儿孙中。但是她围着围裙，惦记着灶膛里要加把火，炉子上熬了银耳汤，我要的烤红薯还煨在草木灰里。她夹一筷子菜在我的碗里，抹一把我吃得满嘴流油的脸，笑着说："放鞭炮是小子们才玩的，姑娘伢不要缠着你爸爸要这个……"

仿佛听见那"噼噼啪啪"的鞭炮声，满地红屑乱飞，我就又长大了一岁。

正月十五的大年过完，我就要正式上学。她养的几只麻鸭子每天不辞辛劳地生几颗青皮鸭蛋，她用山泥土加盐腌制好了，装在小坛子里，过一段日子，每天早晨都给我煮鸭蛋吃。

鸡笼里的大公鸡"喔喔喔"地啼过几遍，我在睡梦里翻一个身，她就起床去为我做早饭。柴灶煮出的白粥熬到浓稠香软，粥面上浮起一层乳白的米油，青皮的鸭蛋剥了壳，我常常将蛋白全部挑到她的碗里。她流着红油的蛋黄照例换给我，"我是最不喜欢吃蛋黄的。"她说。而那时我年幼无知，埋头在白粥的清香与蛋黄的满口流油中忽略了她总是咪咪笑着却缄默不语的爱意。

在菜薹炒腊肉、春韭炒鸡蛋的鲜明记忆中我一年级的春天过去了，不知道什么时候，"小荷才露尖尖角，早有蜻蜓立上头"就变成了"接天莲叶无穷碧，映日荷花别样红"。在那样天真无邪的童年时候，只有与吃紧密联系的节日才能让我期盼和铭记。这样惦念着，一年一度的端午节就到了。我的家乡没有赛龙舟，但粽子是要吃的。也是奶奶早早就细心准备好的糯米，在井水里泡好了，几片青碧的芦叶，一把棉线，她苍老起皱的手灵活地几个转折，菱角般的粽子就包好了。闷在锅里煮好的粽子有芦苇天然的清香，奶奶拆开一颗，裹在雪白糯米里玛瑙般油亮红润的枣子就喂进我的嘴巴里，真甜啊。

一个乡下孩子的夏天是非常快乐的，拉着奶奶拖了长长的竹竿去大桑树下为我打桑枣子，紫红的桑枣子如雨点般落下来，常常是嘴馋的我顾不上去洗，就捡了最大的几颗塞进嘴巴里，甜蜜的汁液将嘴唇和小脸蛋都要染得黑红。

奶奶在园子里的黄瓜架下捉毛虫，俗名叫作"杨喇子"的可恶家伙蜇到了我穿着短袖连衣裙的胳膊，我疼得两眼泪汪汪，着急的奶奶蹒跚着步子小跑着去房里拿牙膏，那时她盲目地相信这种东西能止住我的疼痛。很多年后，我再没有机会告诉她，牙膏对于杨喇子的毒其实丝毫无用，而我之所以被蜇，是我躲在菜园子里想偷吃那才长到几寸长的小黄瓜。

黄瓜开着小黄花，葫芦开着小白花，南瓜长着卷卷胡须的嫩藤蔓掐下来，奶奶变魔术般地翻炒几下，就是清新爽口的下饭菜。马齿苋的酸涩中有清凉降火的甘味，奶奶将新挖的土豆煮了一大盆，没有鱼肉，没有鸡精和调味品，放学回家的我依然吃得津津有味。

放暑假的时候应该能吃上西瓜了，奶奶在菜园里种了几棵瓜秧，我恨不得一日跑去看三回，长势喜人的藤蔓上好不容易才结了几颗小西瓜，连日的阴雨，它们就全部烂在了田地里。奶奶摸着我的头发笑着让我不要气馁，她说那边的西红柿正活泼泼地开着小花。

后来坐在院子里的葡萄架下，奶奶为我摇着大蒲扇，盐水煮的花生我一颗接着一颗剥了好多，萤火虫提着灯笼在夜里到处走，我不记得自己怎么就睡着了，牛郎和织女的故事还在那夜的星空中闪烁，奶奶抱着我回到房间里，满是皱褶的手轻轻拍打着我后背。

后来，大槐树上聒噪的蝉闻见过奶奶为我煮的绵绵如沙的绿豆汤，歇在屋顶上的灰鸽子，看见过奶奶为我烙的软饼，加了小香葱的软饼馋得长途跋涉的鸽子咕咕直叫，吃过我扔去的一块，好久才抬起翅膀恋恋不舍地飞向远方。

后来我离开那个地方，吃着学校里枯燥乏味的饭菜，再大些，有了可心的朋友，大家嘻嘻哈哈地上馆子。我们去肯德基，我们去麦当劳。我们在小摊上烧烤，"骨肉相连"的肉串和脆骨，鱿鱼在铁板上发出欢快的"滋滋"声。我的意识无端飞远，想起她为我煎的两面微黄的腊鱼，瓷实的细致的鱼肉，她自己腌制的红艳透亮的麻油辣子，豆豉，她舍不得吃的挂在阁楼上留给我的香肠。又是在一个回家的寒假里，她藏在老坛子中的腐乳让我多吃了一碗米饭……

忽然泪下，站在城市闪烁的霓虹灯里，真的真的很想她。

她叫吴友英，住在那个有着桃花安静开放的古老村庄。她一直一直地站在村口张望，望她离家在外的小孙女，担心她有没有好好吃饭，会不会挑食，有没有人将青皮鸭蛋里的蛋黄留给她。

二十年后，她的好吃佬小孙女来看她，她睡在那片广袤的田野里。有欢快的鸟儿停歇在她的墓碑上唱歌。它们唱着古老乡村翠绿的风，自由自在的云，潺潺流去远方的溪水。在那青青的坟茔上，白色的野蔷薇正安详地开放。